아프리카,
세계를
다시 그리는
대륙

아프리카, 세계를 다시 그리는 대륙

발행일   2025년 4월 25일

지은이   강행구
펴낸이   손형국
펴낸곳   (주)북랩
편집인   선일영   편집   김현아, 배진용, 김다빈, 김부경
디자인   이현수, 김민하, 임진형, 안유경   제작   박기성, 구성우, 이창영, 배상진
마케팅   김회란, 박진관
출판등록   2004. 12. 1(제2012-000051호)
주소   서울특별시 금천구 가산디지털 1로 168, 우림라이온스밸리 B동 B111호, B113~115호
홈페이지   www.book.co.kr
전화번호   (02)2026-5777   팩스   (02)3159-9637

ISBN   979-11-7224-610-5 03340 (종이책)   979-11-7224-611-2 05340 (전자책)

(주)북랩 성공출판의 파트너

북랩 홈페이지와 패밀리 사이트에서 다양한 출판 솔루션을 만나 보세요!

홈페이지 book.co.kr   •   **블로그** blog.naver.com/essaybook   •   **출판문의** text@book.co.kr

---

작가 연락처 문의 ▸ ask.book.co.kr

작가 연락처는 개인정보이므로 북랩에서 알려드릴 수 없습니다.

식민의 기억부터 미래의 파트너까지,
아프리카를 입체적으로 읽는 시선

아프리카, 세계를 다시 그리는 대륙

강행구 지음

북랩

아프리카를 왜 다시 봐야 하는가

우리는 아프리카를 정말 알고 있는가?

이 질문은 단순한 호기심에서 출발하지 않는다. 그것은 우리가 오래도록 무심히 지나쳤던 거대한 대륙, 너무 자주 왜곡되거나 소외되었던 역사를 향한 성찰의 시작점이다. 아프리카는 누군가에게는 야생 동물과 대자연의 신비로 가득한 땅이었고, 또다른 누군가에게는 빈곤과 갈등의 대명사였다. 인류 문명의 기원을 간직한 땅이자, 여전히 미지의 세계로 취급되던 공간. 하지만 이러한 이분법적 시선은 아프리카의 진짜 얼굴을 보지 못한다.

21세기의 아프리카는 더 이상 과거에 머무르지 않는다. 지금 이 순간에도 변화와 혁신의 물결이 대륙을 가로지르고 있으며, 수많은 도시들이 기술과 에너지, 문화의 중심지로 부상하고 있다. 아프리카는 이제 세계 경제와 외교의 새로운 동력으로 주목받고 있으며, 우리가 그들과 어떤 관계를 맺고, 어떤 방향으로 연대할지를 묻고 있다.

아프리카는 54개 국가와 3천 개가 넘는 민족, 그리고 수천 년의 문명을 품은 대륙이다. 이처럼 방대한 대륙을 제대로 이해하려면, 무엇보다 그들의 역사와 철학, 삶의 맥락 속으로 들어가야 한다. 아프리카를 빈곤과 갈등만으로 설명할 수는 없다. 그 안에는 고유의 공동체 정신과 회복력, 그리고 미래를 향한 뜨거운 열망이 살아 숨 쉬고 있다.

이 책은 아프리카에 대한 오래된 고정관념과 편견에서 벗어나, 그들의 목소리로 이 대륙을 다시 바라보는 여정이다. 식민주의의 유산, 냉전기의 정치적 격동, 그리고 오늘날 아프리카가 직면한 도전과 가능성을 균형 있게 들여다본다. 아프리카는 더 이상 세계의 변두리가 아니다. 오히려 중심을 향해 힘차게 나아가고 있으며, 디지털 혁신, 젊은 인구, 풍부한 자원이라는 강력한 내재적 동력을 가지고 있다.

한국을 포함한 국제사회는 이제 아프리카를 '지원의 대상'이 아니라 동등한 협력의 주체로 인식하기 시작했다. 그러나 여전히 정치적 불안정, 경제적 불균형, 사회적 갈등 등 해결해야 할 과제들도 엄연히 존재한다. 이러한 문제는 외부의 지원만으로는 결코 해결되지 않는다. 아프리카 내부의 자발적인 노력과 건강한 리더십, 그리고 외부와의 진정성 있는 협력이 함께해야 한다.

우리는 이제 단순히 아프리카를 관찰하는 위치에 머무를 수 없다. 이 대륙의 변화에 함께 참여하고, 그들의 미래를 함께 설계하는 동반자가 되어야 한다. 그것이야말로 이 책이 궁극적으로 전하고자 하는 메시지다.

아프리카는 지금 세계를 다시 그리고 있다. 그 그림의 일부가 될 것인지, 아니면 여전히 거리를 둘 것인지는 바로 우리의 선택에 달려 있다.

지금, 그 변화의 흐름 속으로 당신을 초대한다.

아프리카에서의 12년, 함께 걸어온 시간을 떠올리며
2025년 4월
강행구

| Chapter 1 |
우리는 아프리카를 얼마나 알고 있는가?
: 삶과 철학으로 읽어내는 아프리카의 진짜 얼굴

| Chapter 2 |
왜 아프리카는 지금과 같은 모습이 되었는가?
: 식민의 뿌리와 상처를 찾아서

| **Chapter 3** |
독립 이후, 왜 민주주의는 흔들렸는가?
: 냉전과 국가 건설의 혼란을 들여다보다

우리는
아프리카를
얼마나 알고 있는가?

삶과 철학으로
읽어내는 아프리카의
진짜 얼굴

제1장

아프리카, 그들은 누구인가?

정체성과 다양성의 퍼즐

아프리카 대륙은 오랫동안 수많은 고정관념과 신화 속에서 다양한 이미지로 그려져 왔다. 어떤 이에게는 원시 자연이 살아 숨 쉬는 신비로운 공간으로, 또 다른 이에게는 가난과 분쟁의 대명사로 인식되기도 한다. 그러나 아프리카를 진정으로 이해하기 위해서는, 이 대륙이 지닌 복잡성과 깊이, 그리고 고유한 역사적 경험과 문명의 정체성을 들여다보는 것에서 출발해야 한다.

아프리카는 결코 단일한 문화나 정체성으로 이야기할 수 없다. 이 대륙에는 3천 개가 넘는 민족과 언어, 다양한 종교와 공동체가 공존하고 있으며, 이는 인류 문명의 다양성과 생명력이 응축된 결과다. 이러한 다양성은 단지 자연환경의 차이에서 비롯된 것이 아니다.

예컨대 서아프리카의 세네갈인들은 웅변과 사교에 능한 반면, 말리인들은 이야기와 음악, 그리고 공동체 중심의 조화로운 삶을 중시한다. 남아프리카공화국은 인종과 계층이 교차하는 복합 사회를 이루고 있다. 이러한 차이는 표면적인 성격 묘사에 그치지 않고 각 지역 공동체의 역사적 경험, 가치관, 세계관이 반영된 문화적 표현이다.

아프리카의 다양한 얼굴들 - AI 생성 이미지

이처럼 아프리카인의 삶을 지역별 특징과 연결해서 바라보는 것은 이들을 하나의 틀에 넣어 일반화하려는 것이 아니다. 오히려 이렇게 다양한 지역의 문화에 뿌리를 두고 살아가는 방식을 이해하면, 아프리카 사람들의 삶 속에 담긴 깊은 생각과, 세상을 바라보는 방식을 더 잘 이해할 수 있게 된다.

한편 외형상으로는 수많은 민족과 문화가 서로 다른 듯 보이지만, 아프리카 문명은 놀라운 연속성과 공통된 기원을 공유하고 있다. 세네갈의 역사학자 셰이크 안타 디오프(Cheikh Anta Diop)는 고대 이집트 문명이 아프리카 흑인의 문명임을 주장하며, 아프리카 대륙의 다양한 민족과 문화가 사실은 공통된 뿌리를 지녔다고 보았다. 그는 나일강 유역을 아프리카 문명의 발원지로 보았으며, 고대 문명의 지식과 기술, 신앙 체계 등이 점차 아프리카 전역으로 확산되었다는 이론을 펼쳤다. 디오프의 이러한 관점은 단순한 주장에 그치지 않고, 실제 고대 나일강 유역에서 형성된 사회 구조와 문화적 요소들을 통해 뒷받침된다.

사하라 사막이 본격적으로 사막화되기 이전, 나일 계곡은 공동체 중심의 사회 구조, 자연 신앙, 구술 전통, 집단적 토지 소유 등 공통된 문명적 요소를 형성했다. 이 요소들은 이후 아프리카 각지로 퍼지며 지역 특성과 결합되었고, 오늘날에도 사회 제도와 가치관 속에 여전히 살아 있다. 이는 수천 년을 이어 온 아프리카적 세계관과 존재론의 토대라 할 수 있다.

세네갈의 초대 대통령이자 시인이었던 레오폴 세다르 상고르 (Léopold Sédar Senghor) 또한 아프리카인이 세상과 인간을 바라보고 이해하는 방식이 유럽인과는 다르다고 주장했다. 그는 유럽에서 유학하며 서구 문명을 깊이 체험했지만, 단순히 두 문명을 비교하는 데 그치지 않고 아프리카 사람들 특유의 삶과 사고방식이 지닌 고유한 가치와 철학적 의미를 세우고자 했다.

상고르에 따르면, 서구 문명은 사물과 존재를 '분리하여 인식하는 방식'에 기반한다. 유럽인은 자아와 대상을 엄격히 구분하며, 시간과 공간의 틀 안에서 세상을 이해하려 한다고 했다. 이러한 사고는 과학적 합리주의, 객관성, 효율성 중심의 철학으로 이어졌으며, 이는 근대 서구 문명의 지식 체계와 기술 발전의 기반이 되었다고 보았다. 하지만 동시에 그는 이 이원론적 사고방식이 인간과 자연, 주체와 객체 사이에 위계질서를 고착화하고, 타 문명을 수단화하는 제국주의적 인식의 토대가 되었다고 비판했다.

반면 상고르는 아프리카인의 세계관을 감각과 통합을 중시하는 존재 인식으로 설명하였다. 그에 따르면, 아프리카인은 사물과 '하나 되어 존재' 하며, 분리하지 않고 감응(感應)을 통해 세계를 이해한다고 보았다. 그는 이러한 인식이 논리보다 직관, 분석보다 공감을 중시하는 삶을 가능하게 하며, 공동체 중심의 정체성과도 깊은 관련이 있다고 주장했다.

아프리카 사회에서 개인은 공동체 안에서만 정체성을 형성하며, 스스로를 설명할 때 개인의 성취보다 소속된 씨족, 지역, 혈통을 먼저 언급한다. 이러한 삶의 방식은 단순한 문화적 특성에 그치지 않고, 세계를 인식하고 살아가는 존재론적 사고를 반영한다. 이는 상고르가 설명한 아프리카식 존재 방식과도 일맥상통하며, 개인이 세계와의 관계 속에서 공동체를 통해 자신을 이해하고 정체성을 형성하는 태도를 말한다.

이러한 공동체 중심의 삶의 방식은 국가 행정 체계와 종종 부딪혔다. 유럽 식민 열강으로부터 독립 이후 아프리카 국가들은 서구식 제도를 도입했지만, 공동체 중심의 유동적인 시간 인식과 하루하루의 생계 활동에 초점을 둔 생활 문화는 장기적 계획이나 국가 행정에 낯설게 반응했다. 국민들은 먼 미래의 비전보다 오늘의 생존을 우선시했으며, 이는 제도와 현실 사이의 간극을 낳았다.

하지만 이는 단지 전통의 낡음이나 비효율성의 문제가 아니

다. 아프리카 전통은 현재를 살아가는 인간적 지혜를 품고 있
다. 상고르가 말한 '감응의 삶', '공동체 속의 자아', '현재에 충실
한 존재 방식'은 오히려 현대 문명이 상실한 감수성과 연대의
철학을 되살리는 통찰로 다가온다.

　이러한 철학적 통찰은 아프리카가 서구의 기준에 자신을 맞
추는 것이 아니라, 자신들만의 역사와 삶의 방식에 뿌리를 두고
새로운 발전의 길을 모색할 수 있음을 보여 준다.

　　　　　　　　　　　아프리카, 세계를 다시 그리는 대륙

제2장
춤추고 노래하는 삶
감성의 언어로 말하다

　아프리카는 흔히 '춤의 대륙'이라 불린다. 이는 단지 음악이나 퍼포먼스를 뜻하는 것이 아니다. 아프리카에서 춤은 삶의 언어이자 감정의 표현이며, 공동체의 정체성을 드러내는 상징이다. 기쁠 때나 슬플 때, 전쟁을 앞두고 있을 때나 수확을 마친 후에도 아프리카인들은 춤을 춘다. 그들은 말이 아닌 몸짓으로 세상과 소통하며, 그 감정 표현은 개인을 넘어 공동체 모두가 공감하는 정서적 울림으로 확장된다.

　예를 들어, 결혼식과 장례식, 마을 제사와 공동체 행사, 심지어 정치적 의례에도 그 중심에는 늘 춤이 있다. 이는 아프리카 사회가 감정을 억누르기보다는 표현하고, 함께 공감하며 치유하는 문화를 지니고 있음을 보여 준다. 감정은 숨겨야 할 개인적인 것이 아니라, 공동체 전체가 함께 나누는 삶의 일부인 것이다.

춤추는 부족 마을 사람들 - 출처: TransAfrica

이러한 문화는 가족에 대한 인식에서도 분명히 드러난다. 아프리카 사회에서 '개인'은 결코 홀로 존재하지 않는다. 개인의 정체성은 부모와 형제, 씨족과 마을 공동체 안에서 형성된다. 누군가를 소개할 때 이름보다 먼저 언급되는 것은 그나 그녀가 속한 가문이나 부족이다. 특히 노인은 삶의 지혜를 가진 존재로 항상 존경의 대상이며, 그들의 말은 종종 법 이상의 권위를 가

아프리카, 세계를 다시 그리는 대륙

진다.

 하지만 이러한 전통적 권위가 곧바로 실질적인 영향력으로
이어지는 것은 아니다. 오늘날에는 경제적 자산이나 정치권력
이 더 큰 영향력을 발휘하며, 세대 간 가치의 차이는 점점 더 선
명해지고 있다. 전통 권위는 오늘날의 사회와 충돌할 때가 많
고, 그 균형이 쉽게 무너지기도 한다.

 아프리카의 가족주의 문화는 '성공한 개인'에 대한 집단적 기
대 속에서도 드러난다. 경제적으로 조금이라도 여유가 생기면,
친족 전체가 그의 성공을 함께 나누는 것이 당연시된다. 이는
기대를 넘어 거의 의무처럼 여겨지며, 이를 거부할 경우 공동체
로부터 배제되거나 사회적으로 고립될 수 있다.

 이러한 공동체의 기대는 아프리카에서 기업가 정신이 정착되
기 어려운 구조적 배경이 되기도 한다. 성공한 개인은 장기적
자산 축적보다는 단기적인 분배 요구에 시달리고, 공동체는 그
를 '공공 자산'처럼 인식한다. 이는 근대적 경제 시스템과 전통
공동체 문화 사이의 긴장을 유발하며, 때로는 개인의 경제적 독
립을 제한하기도 한다.

 이와 유사하게, 많은 아프리카 지역에서는 숙명론적 사고방

식이 뿌리 깊게 자리 잡고 있다. 교육 수준이 낮거나 전통 신앙이 강한 지역일수록, 삶의 고난이나 실패는 개인의 책임보다는 신의 뜻으로 받아들여진다. 아이가 병으로 세상을 떠나도 "하나님이 주셨고, 하나님이 데려가셨다"라고 말한다. 이러한 사고방식은 고통을 받아들이고 감정을 다스리는 데는 도움이 되지만, 동시에 사회의 근본적인 문제를 제대로 바라보지 못하게 만들기도 한다.

이러한 숙명론적 사고방식에 더하여, 아프리카인들은 그 어떤 대륙의 사람들보다 놀라운 생명력과 삶을 향한 긍정의 태도를 강하게 보여 준다. 「세계행복보고서(World Happiness Report)」에서도 이러한 경향을 확인할 수 있다. 예컨대 2017년 보고서에 따르면 알제리, 모로코, 나이지리아 등 일부 아프리카 국가는 소득 불안정이나 행정 제도의 한계에도 불구하고 주민들이 비교적 높은 삶의 만족도를 나타내는 것으로 조사되었다. 이는 단지 소득 수준만으로는 설명할 수 없는 결과로, 공동체 의식과 가족 유대, 음악과 춤, 그리고 현재를 충실히 살아가는 삶의 태도가 얼마나 강력한 정서적 자산이 되는지를 상징적으로 보여 준다.

오늘날 아프리카는 빠르게 변화하고 있다. 도시화와 정보화, 교육 확대는 새로운 문화를 만들어 가고 있고, 특히 젊은 세대

아프리카, 세계를 다시 그리는 대륙

는 전통을 되돌아보는 동시에 세계 시민으로서의 정체성을 새롭게 형성해 가고 있다. 그들은 스마트폰과 인터넷을 통해 세상과 연결되어 있지만, 여전히 가족과 공동체를 삶의 중심에 두려는 본능적 성향을 잃지 않고 있다.

이렇듯 아프리카인의 삶은 전통과 현대, 감성과 이성, 공동체와 개인 사이에서 끊임없이 균형을 모색하는 여정이다. 춤과 노래, 공동체의 유대, 그리고 신앙은 단지 문화의 외형이 아니라, 아프리카인이 고단한 현실을 견디고 의미를 부여해 온 삶의 방식인 것이다.

제3장
우분투란 무엇인가?
공동체의 철학과 존재의 연대

아프리카 전통 사회에서 인간은 결코 고립된 존재로 이해되지 않는다. 태어나는 순간부터 사람은 가족과 씨족, 마을이라는 공동체 안에서 정체성을 형성하고, 그 관계 속에서만 삶의 의미를 부여받는다. 이것은 단순한 사회적 관습이 아니라, 인간이 어떻게 살아야 하는지에 대한 깊은 생각과 철학이 담긴 삶의 방식이다.

이러한 세계관은 "나는 우리가 있기 때문에 존재한다(I am because we are)"라는 말로 대표되는 '우분투(Ubuntu)' 철학에 집약되어 있다. 우분투는 인간이란 결코 홀로 존재할 수 없으며, 타인과의 관계 속에서 자아를 형성한다는 아프리카 고유의 존재 인식을 담고 있다. 출생에서 성장, 노동, 죽음에 이르기까지 인간의 삶은 공동체 안에서 이루어지며, 공동체는 존재의 시작이자 완성의 공간이 된다.

이러한 공동체 중심의 세계관은 일상의 다양한 장면에서 자연스럽게 드러난다. 경제적 위기는 개인이 아닌 마을 전체가 함께 감당해야 할 문제이며, 개인의 성공 또한 공동체 전체의 자부심으로 공유된다. 사람들은 타인과의 긴밀한 유대 속에서 살아가며, 이러한 연대는 언어와 사고방식, 사회 제도 전반에 깊숙이 스며들어 있다.

예를 들어, 많은 아프리카 언어에서는 '나'보다 '우리'가 기본 표현으로 나타난다. 약속을 할 때에도 "나는 갈게"가 아니라 "우리는 갈게"라고 말하고, '내 집'이 아닌 '우리 집'이라 말하는 것은, 인간을 공동체 속에서 함께 살아가는 존재로 이해하는 세계관을 보여 준다.

이 세계관은 시간에 대한 인식에서도 드러난다. 아프리카에서 인간은 단지 현재에 머무는 존재가 아니라, 조상의 생명력을 물려받고 그것을 다음 세대에 전하는 존재로 이해된다. 아프리카에서 죽음은 삶의 끝이 아니라 조상의 세계로 옮겨 가는 것이며, 조상이 여전히 공동체 안에서 영향을 주며 살아 있는 존재라고 믿는다. 이는 반투(Bantu) 철학에서 특히 뚜렷하게 나타난다.

반투 철학은 중앙, 동부, 남부 아프리카의 반투어* 사용 공동체에 뿌리내린 전통적 사고방식으로, 인간을 생명력의 순환 속에 있는 존재로 본다. 이 철학에 따르면 인간은 단지 개인이 아니라 조상, 공동체, 자연과 긴밀히 연결된 존재이며 생명력을 증진하는 행위는 '선', 공동체를 해치는 행위는 '악'으로 간주하였다. 이러한 윤리적 관점은 아프리카 공동체의 조화와 지속 가능성을 유지하는 밑바탕이 되어 왔다.

이러한 철학은 단지 추상적인 개념에 그치지 않고, 공동체의 구체적인 삶의 방식 속에서 실현되었다. 아이는 부모만이 아니라 온 마을이 함께 양육하며, 노동은 개인의 이익을 넘어서 공동체 전체의 생존과 조화를 위한 협력으로 이루어진다. 법과 질서는 응보보다는 화해와 회복을 중시하며, 분쟁 해결의 목적 역시 공동체의 지속성과 평화를 유지하는 데 있다.

토지와 자원에 대한 인식도 서구적 사유와는 다르다. 토지는

---

* 아프리카 대륙에서 가장 광범위하게 사용되는 언어군 중 하나로 농업과 철기 문화 확산과 함께 전파.

아프리카, 세계를 다시 그리는 대륙

조상으로부터 물려받은 신성한 유산으로 여겨지며, 개인은 그것을 일시적으로 사용하는 존재일 뿐이다. 이러한 인식은 토지의 매매나 사유화를 공동체 질서를 위협하는 행위로 여겼으며, 이는 식민주의가 들어오면서 주요 갈등의 요인 중 하나가 되었다.

우분투는 단지 전통 윤리에 머무는 것이 아니라, 오늘날에도 여전히 강한 영향력을 지닌 실천 철학이다. 넬슨 만델라와 데스몬드 투투(Desmond Tutu)*는 우분투의 정신을 용서와 화해, 그리고 공존의 기반으로 삼았다. 그들은 아파르트헤이트(Apartheid)**가 남긴 깊은 상처를 치유하고, 분열된 사회를 하나로 묶기 위해 인간다움과 연대를 중심에 둔 새로운 공동체를 세우고자 했다.

오늘날에도 도시화와 세계화 속에서 우분투의 정신은 지역과 종교 공동체 그리고 시민사회를 통해 계승되고 있으며, 인간성을 회복하는 도덕적 기초로 작용하고 있다.

이러한 맥락에서, 아프리카의 공동체 철학은 현대 사회의 고

---

* 남아프리카공화국의 성공회 대주교이자 인권운동가로, 반(反)아파르트헤이트 운동의 상징적인 인물.
** 남아프리카공화국에서 인종을 기준으로 사회를 구분하고 차별했던 제도적 정책 (1948~1994).

립된 개인에게 깊은 질문을 던진다. 인간은 타인과의 관계 속에서 비로소 온전한 존재가 되며, 삶의 의미는 함께 살아가는 연대 안에서 더욱 풍요로워진다. 아프리카 철학이 전하는 메시지는 분명하다. 인간은 '우리' 안에서 존재하며, 우분투는 '인간다움'을 회복하는 데 가장 깊이 있는 통찰을 제공한다.

아프리카, 세계를 다시 그리는 대륙

제4장

기억을 통한 지배

문화와 종교는 어떻게 권력이 되는가

아프리카는 수천 개의 언어와 종족, 종교와 정치 제도가 공존하는 대륙이다. 이러한 다양성은 외부의 시선에서는 종종 분열과 혼란으로 비치지만, 그 이면에는 오랜 시간에 걸쳐 축적된 문명의 공통된 뿌리와 문화적 연속성이 자리하고 있다.

이러한 통찰은 아프리카 내부 학자들에 의해 꾸준히 제기되어 왔다. 특히 아프리카의 문명사를 재해석하려는 노력은 다양한 고고학·언어학적 연구를 통해 구체화되었다. 이 가운데 한 축을 이룬 것이 나일강 유역의 고대 문명과 사하라 이남 지역 간의 연관성에 대한 연구다. 나일 계곡은 기후변화 이전, 아프리카 내 문명의 중요한 기원지로 인식되었으며, 이곳에서 발생한 공동체적 삶의 방식, 종교 체계, 예술 형식 등은 대륙 전체에 영향을 미쳤다.

이는 단순히 아프리카 문명의 뿌리를 찾는 작업을 넘어, 다양한 문화와 언어가 공존하는 이 대륙이 오히려 하나의 깊은 철학과 세계관을 공유하고 있음을 보여 준다. 구술 전통, 조상 숭배, 공동체 중심의 삶 등은 그 지역마다 모습은 다르지만, 공통된 문명적 토대를 형성하고 있다.

이와 함께 아프리카의 전통 정치 구조 역시 단순한 행정 체계를 넘어, 영적 기반과 존재에 기초한 권위 체계로 기능해 왔다. 왕이나 족장은 단지 통치자가 아닌, 공동체 전체를 대표하는 영적 중재자이자 조상과 신의 뜻을 전달하는 존재로 여겨졌다. 그의 권위는 신으로부터 부여된 생명력에서 비롯되며, 정치와 종교, 사회 질서는 하나의 유기체처럼 얽혀 있었다.

이러한 정치 구조는 아산테(Asante)*, 요루바(Yoruba)**, 부간다(Buganda)***와 같은 고대 아프리카 왕국들에서 뚜렷하게 나타

---

* 오늘날의 가나 중남부 지역에 위치했던 강력한 전통 왕국으로, 17세기 후반부터 19세기 후반까지 서아프리카에서 가장 큰 영향력을 가졌던 제국 중 하나.
** 오늘날의 나이지리아 남서부 지역을 중심으로 번성했던 아프리카 전통 국가들 중 하나로, 아프리카 역사에서 매우 중요한 정치·문화적 공동체 중 하나.
*** 우간다 공화국 내에 존재했던 왕국으로 우간다 역사와 정체성에 중심적인 역할을 한 정치·문화 공동체.

아프리카, 세계를 다시 그리는 대륙

났다. 이들 사회에서 왕의 즉위는 단순히 후계자가 정해지고 왕관을 쓰는 정치적 절차에 그치지 않았다. 그것은 공동체가 왕에게 생명력과 권위를 부여하는 신성한 의례로 이해되었으며, 왕은 이러한 의식을 통해 새로운 존재로 다시 태어나는 것으로 여겨졌다.

다시 말해, 왕은 혈통만으로 즉위할 수 있는 존재가 아니었으며, 공동체의 전통적 의례와 상징적인 절차를 통과해야만 비로소 '왕으로서의 존재'로 인정받을 수 있었다. 예를 들어 아산테 왕국에서는 즉위 전후로 조상 신령에게 제사를 올리고, 신탁을 통해 공동체의 동의를 얻는 절차가 필수적이었다. 이 의례는 왕이 단지 인간의 대표자가 아니라, 공동체의 운명을 짊어진 영적 중재자라는 인식을 반영한 것이었다.

왕의 건강과 안녕은 공동체 전체의 번영과 직결되었기에, 그는 단순한 권력자가 아니라 공동체의 삶과 운명을 상징하는 존재로 여겨졌다. 만약 왕이 병에 걸리거나 정치적 혼란이 지속될 경우, 이는 공동체 전체의 조화가 깨졌다는 신호로 해석되었고, 극단적인 경우 왕이 스스로 물러나거나 의례를 통해 교체되기도 했다.

또한, 아프리카의 전통 권위는 결코 일방적인 절대 권력이 아니었다. 왕의 권한은 부추장(Kingmaker)이라 불리는 전통 엘리트 집단의 동의와 통과의례를 거쳐야 했다. 부추장은 단순히 왕을 선출하는 역할을 넘어서, 왕의 통치가 공동체의 규범과 일치하는지를 감시하고, 필요시 권력을 제한하거나 새로운 왕을 선출할 수 있는 실질적 영향력을 행사했다.

이러한 구조는 전통 권력이 공동체적 합의와 문화적 정당성 위에 세워졌다는 것을 보여 준다. 다시 말해, 아프리카의 전통 왕정은 '신의 대리자'이자 '공동체의 화신'으로서의 왕을 중심으로 정치와 종교, 사회적 합의가 통합된 유기적인 정치 시스템이었다.

오늘날에도 이러한 전통 권위는 지역 공동체 차원에서 다양한 형태로 존속하고 있다. 가나, 나이지리아, 보츠와나 등지에서는 지역 족장들이 분쟁 조정, 토지 분배, 문화 행사 주관 등의 역할을 수행하며, 서구식 정치 체계와 공존하는 이중 권력 구조를 형성하고 있다. 이러한 구조는 때로는 국가 행정의 혼란을 일으키기도 하지만, 공동체의 정체성과 소속감을 유지하는 상징적인 역할을 한다.

이러한 맥락에서, 아프리카의 권력 구조는 단순히 과거의 잔재가 아니다. 그것은 인간의 영적인 믿음과 존재에 대한 생각,

그리고 공동체와 조화를 이루려는 철학 위에 세워진 복합적인 구조이다. 이러한 전통은 오늘날 아프리카 사회의 다양한 정체성을 이해하는 데 중요한 열쇠가 된다. 전통적인 권위는 단순한 옛 풍습이 아니라, 아프리카가 자신만의 정치적 미래를 그려 나가는 데 있어 여전히 유의미한 문화 자산이다.

결국 아프리카의 '기억'과 '권력'은 서로 다른 이야기가 아니다. 이 두 주제는 모두 고대 문명에서 시작된 아프리카 고유의 세계관과 철학 속에 뿌리를 두고 있으며, 오늘날의 문화와 정치, 정체성이 형성되는 데 깊이 영향을 미치고 있다. 이러한 점에서, 아프리카의 과거와 현재가 어떻게 연결되어 있는지를 이해하는 것은, 아프리카가 외부의 기준이 아니라 자기 방식대로 미래를 설계해 나가기 위해 꼭 필요한 역사적 토대가 된다.

제5장
가족은 작은 공동체
아프리카의 삶을 잇는 고리

아프리카 전통 사회에서 결혼은 단지 두 사람만의 결합이 아니라, 두 공동체 간의 사회적·정치적 연대이자 생명력을 잇는 신성한 의례였다. 인간은 결코 고립된 존재로 이해되지 않으며, 태어남에서부터 성장, 결혼, 죽음에 이르기까지 삶의 모든 단계는 공동체 전체의 축복과 참여 속에서 이루어진다. 그중에서도 결혼은 공동체의 존속과 연속성을 상징하는 가장 핵심적인 통과의례로 자리매김해 왔다.

결혼은 개인의 감정이나 선택을 넘어서, 공동체 전체의 운명과 연결된 제도적 장치였다. 배우자의 선택은 개인에게 전적으로 맡겨지기보다는 가문과 부족, 씨족 간의 관계와 유대가 중요한 기준이 되었다. 결혼은 혈연을 넘어 새로운 사회적 연대를 형성하는 수단으로 기능했다. 이 과정에서 신랑 측이 신부 가족에게 제공하는 '지참금'은 단순한 물질적 거래가 아니라 감사와 존중, 그리고 사회적 신뢰를 상징하는 상호 계약의 표시였다. 이 지참금 제도는 결혼이 개인만의 문제가 아니라 공동체 전체가 함께 준비하고 지지하는 의례임을 상징적으로 보여 준다.

가족의 개념 또한 서구의 핵가족 중심 구조와는 본질적으로 달랐다. 아프리카의 가족은 확대된 관계망으로 구성되며, 부모와 자녀를 넘어 조부모, 형제자매, 사촌, 삼촌, 고모, 이웃까지 아우르는 공동체 단위였다. '한 아이를 키우려면 온 마을이 필요하다'라는 격언은 단지 이상이 아니라 일상이었고, 아이는 조상의 생명력을 잇는 존재이자 공동체의 미래를 열어 가는 희망으로 여겨졌다. 출산과 양육은 개인의 책무를 넘어, 공동체 전체가 함께 짊어지는 신성한 과업이었다.

이러한 공동체 중심의 가족 구조 속에서, 일부다처제는 전통 사회에서 나타나는 대표적인 결혼 형태 중 하나였다. 이는 단순한 쾌락을 위한 것이 아니라, 사회적 안정과 미혼 여성 보호, 노동력 부족 문제 완화, 공동체 내 자원 재분배 등의 목적을 지닌 제도였다. 다처제는 특정 남성에게만 허용된 특권이 아니라 그에 상응하는 책임과 봉사를 전제로 한 사회적 제도였으며, 여성은 단지 종속적인 존재가 아니라 자녀 양육과 공동체 의례, 종교 전통을 이끄는 핵심 주체로 역할을 했다. 실제로 일부 지역에서는 여성 지도자나 제사장이 지역 사회를 대표하는 임무를 수행하기도 했다.

이처럼 결혼과 가족은 아프리카 사회에서 단지 제도나 풍습에 머무는 것이 아니라, 공동체의 유대를 지속하고 생명력을 보존하는 삶의 철학이었다. 결혼은 두 사람의 결합인 동시에 두 공동체 간의 약속이었고, 가족은 정서적·경제적·정치적 기능이 통합된 유기적 생명체였다. 자녀는 공동체 전체의 미래였으며, 양육은 교육과 문화 전승, 도덕적 책임이 융합된 공동의 과제였다.

오늘날 도시화와 서구적 가치의 확산 속에서도 이러한 전통은 여전히 지역 사회에서 다양한 형태로 계승되고 있다. 젊은 세대는 더 많은 자율성과 낭만적 결혼을 추구하지만, 결혼을 공동체 전체가 함께 책임지는 중요한 결합으로 이해하고, 가족을 인간 존재의 뿌리로 여기는 전통은 아프리카인의 정신세계에 깊게 뿌리내려 있다. 이는 단순한 문화적 관습이 아니라, 인간 존재의 의미와 공동체 철학을 담고 있는 아프리카 문화의 본질이라 할 수 있다.

왜 아프리카는
지금과 같은 모습이
되었는가?

식민의 뿌리와
상처를 찾아서

제1장
누가 아프리카를 정의했는가
유럽의 시선과 식민 지식

아프리카에 대한 유럽의 시선은 단순한 오해나 문화적 편견을 넘어, 식민 지배를 정당화하는 핵심 이데올로기로 작용해 왔다. 중세 이후 유럽 사회는 아프리카를 미개하고 문명화되지 않은 공간으로 간주하며, 문명의 변방 혹은 외부 영역으로 규정했다. 이러한 인식은 시간이 흐를수록 굳어졌고, 19세기에 들어 유럽의 탐험가, 선교사, 식민 행정관들은 아프리카 사회의 복합성과 문화적 다양성에 대해 무지하거나 의도적으로 외면했다. 공동체 중심의 의사결정 방식, 다처제, 전통 종교와 같은 제도와 관습은 모두 '야만'으로 낙인찍혔다. 이러한 인식 속에서, 아프리카는 '교화되어야 할 대륙', 다시 말해 유럽 문명의 계몽을 받아야 할 미개한 공간으로 여겨졌다.

이러한 유럽 중심의 시각은 단지 문화적 편견에 그치지 않고, 실질적인 식민 지배의 정당화 논리로 이어졌다. 아프리카는 '개발이 필요한 후진 지역', '문명이 결여된 사회'로 인식되었고, 이는 기독교 선교와 제국주의 확장을 위한 도덕적 명분으로 활용되었다. 아프리카에 원래 존재하던 정치 방식과 사회 질서는 식민 지배 과정에서 서구식 법과 행정 체제로 바뀌거나 본래 모습이 훼손되었다. 이에 따라 아프리카 대륙의 전통적인 지도자들의 권위도 함께 약화되었다.

더욱이 유럽은 아프리카의 고대 문명과 지적 유산에 대해서도 그 가치를 의도적으로 축소시켰다. 나일강 유역의 문명, 사하라 사막을 가로지르는 교역망, 팀북투(Timbuktu)*와 같은 이슬람 학문의 중심지들은 고도로 발달한 지적 공간이었음에도, 유럽의 역사 기술에서는 축소되거나 배제되었다. 이는 단순한 무지가 아니라, 식민 지배를 정당화하기 위한 전략적 선택이었다.

---

* 말리 내륙의 사하라 남단에 위치한 고대 도시로, 15~16세기 이슬람 학문과 무역의 중심지.

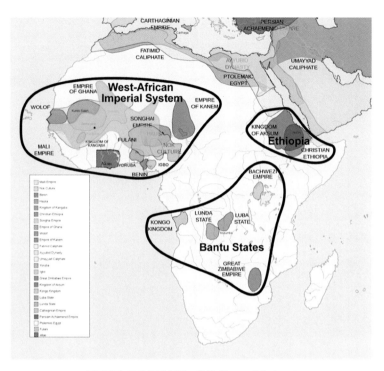

아프리카 고대 문명 현황 - 출처: ResearchGate.net

　학문적 담론 역시 이러한 유럽 중심주의를 강화하는 도구로 중요한 역할을 했다. 19세기 후반부터 유럽 학자들은 아프리카를 인류 진화의 초기 단계에 머물러 있는 사회로 규정했고, 아프리카의 문화와 제도를 '진보하지 못한', 혹은 '원시적인' 것으로 묘사했다. 예컨대 독일 철학자 헤겔은 아프리카를 '세계사의 외부'로 기술하며, 역사로부터 배제된 대륙으로 그려냈다. 인류

학, 민족지학, 지리학 등 당시의 학문은 아프리카를 과학적으로 탐구하려 했지만, 그 시선은 아프리카 문명을 존중하는 것이 아니라 유럽 문명이 더 우월하다는 생각을 바탕으로, 아프리카를 열등하고 낯선 존재로 바라보는 태도에서 비롯된 것이었다.

이러한 지식의 생산은 단지 학문적 차원에 머물지 않고, 식민 지배를 정당화하는 데 직접적으로 활용되었다. 유럽 열강은 아프리카의 언어, 종족, 종교, 지리 등을 체계적으로 조사하고 분류했으며, 아프리카는 '문명화가 필요한 후진적 지역'이라는 이미지로 고정되었다. 이러한 식민지에 대한 왜곡된 지식은 학술 논문, 탐험기, 선교 보고서, 교과서, 문학작품 등을 통해 유럽 전역에 퍼졌으며, 식민지 주민들에게도 반복적으로 주입되었다. 그 결과, 현지인들 스스로도 자신들의 문화와 역사에 대해 부정적인 인식을 갖도록 강요받았다.

더 나아가, 식민 기록 속에서 아프리카인의 저항은 '폭동'으로, 유럽인의 폭력은 '질서의 회복'으로 묘사되었다. 이처럼, 교육과 종교는 식민 지식을 아프리카 사회에 뿌리내리게 하는 주요 도구가 되었다. 유럽 선교사들은 성경과 함께 서구의 역사, 윤리, 세계관을 가르쳤고, 선교학교는 유럽 중심의 가치관을 전달하며, 아프리카인들로 하여금 자신들의 전통과 문화를 열등하다고 여기도록 만들었다.

유럽인의 시선으로 본 아프리카 - AI 생성 이미지

그러나 오늘날 이러한 유럽 중심의 시각에 도전하는 흐름이 학계와 문화 전반에 나타나고 있다. 예컨대, 에드워드 사이드 (Edward Said)는 그의 대표적인 저서인『오리엔탈리즘(Orientalism)』 에서 서구가 타 문화를 규정하고 통제하는 방식의 이데올로기 적 속성을 비판했으며, 아프리카 학자들은 자신들의 언어와 문 화, 역사를 바탕으로 새로운 해석과 자신들의 이야기를 스스로 만들어 가는 작업에 힘써 왔다. 예를 들어, 아킬레 음벰베(Achille

Mbembe)*, 월레 소잉카(Wole Soyinka)**, 응구기 와 티옹오(Ngũgĩ wa Thiong'o)***와 같은 지식인들은 서구적 시각의 틀을 벗어나 아프리카 내부의 시선에서 역사를 재구성하고자 노력했다.

  오늘날에도 아프리카는 여전히 국제 담론 속에서 '기근과 전쟁의 대륙', '도움이 필요한 대상'으로 묘사되는 경우가 많다. 하지만 아프리카는 더 이상 외부의 시선에 의해 해석되거나, 일방적인 지원의 수혜자로 머물러야 할 대륙이 아니다. 이제 아프리카는 지식을 스스로 만들어 내는 주체로서, 자신의 역사와 현실을 직접 설명하고 말할 권리를 지닌다. 우리는 아프리카를 외부의 기준으로 판단하기보다는, 그들이 걸어온 고유한 문명과 사회적 경험을 있는 그대로 이해하고, 이를 통해 인류 모두가 공유할 수 있는 보편적 가치와 인문학적 전환에 한 걸음 더 다가서야 한다.

---

*   카메룬 출신의 철학자이자 역사학자로, 탈식민주의 이론(Postcolonialism)의 핵심 인물로 평가.
**   나이지리아 출신의 극작가이자 시인이며, 아프리카 최초의 노벨문학상 수상자.
***   케냐 출신의 작가이자 언어학자.

제2장

사슬의 시작

노예무역이 만든 식민의 길

아프리카 현대사를 이해하기 위해서는 대서양 노예무역이 남긴 구조적 유산을 직시할 필요가 있다. 16세기 초부터 약 400년에 걸쳐 진행된 노예무역은 단순한 인신매매를 넘어 아프리카 사회 전체의 권력 구조와 경제 체계, 공동체 질서를 뿌리채 흔들었다. 이 시기는 아프리카가 유럽 중심의 세계 자본주의 체제에 편입되기 시작한 초기 단계였으며, 이후 식민 지배로 이어지는 종속 구조의 출발점이었다.

노예무역은 유럽과 아프리카 간의 평등한 교류가 아닌, 지배와 종속이라는 불균형한 관계를 제도화한 경제 질서를 새롭게 형성했다. 유럽 상인들은 총기, 금속 제품, 직물 같은 공산품을 들여와 아프리카 지배층과 거래했으며, 이들은 전쟁 포로나 납치한 사람들을 노예로 팔아 무기와 외래 물품을 확보했다. 이 과정은 아프리카 내에서 부족이나 지역 간의 갈등을 더욱 격화시켰고, 사람들 사이의 믿음과 공동체의 유대감을 크게 훼손하였다.

사슬에 매인 채 끌려가는 아프리카인들 - AI 생성 이미지

17세기 후반부터 19세기 초까지는 노예무역이 절정에 달한 시기로, 약 1,200만에서 1,500만 명의 아프리카인이 대서양을 건너 아메리카로 강제 이주당하였다. 이들은 사탕수수, 면화, 담배 등 플랜테이션 농장에서 혹독한 강제 노동에 시달렸으며,

아프리카, 세계를 다시 그리는 대륙

이러한 착취는 유럽 자본의 축적과 아메리카 식민 경제의 성장 기반이 되었다. 반면 아프리카는 노동력 유출과 인구 감소로 인해 경제 회복력을 상실하면서, 지역 공동체는 붕괴되었다.

정치적으로도 노예무역은 지배 구조를 뒤흔들었다. 무기를 획득한 일부 현지 세력은 주변 공동체를 공격해 노예를 확보하고 이를 유럽 상인에게 팔아 권력을 강화했다. 이 과정에서 무력과 자원, 권력을 서로 주고받으며 이익을 챙기는 새로운 세력이 등장했으며, 이들은 전통적 질서를 무너뜨리고 더 많은 폭력과 혼란을 불러왔다.

사회·문화적인 측면에서도 깊은 상처를 남겼다. 가족 해체와 공동체 붕괴, 상호 불신이 일상화되었고, 아프리카의 자급자족 경제는 점차 외부 무역에 의존하게 되었다. 유럽, 아프리카, 아메리카를 연결하는 '삼각무역 구조'는 유럽의 산업화와 자본 축적을 가속화했지만, 아프리카의 경제 자립의 가능성은 오히려 차단되었다.

삼각무역

북아메리카

카리브해

수리남

스페인령
남아메리카   브라질

대서양

영국

프랑스

스페인

포르투갈

모로코

팀부크투(Timbuktu)

황금해안 노예해안

기니 만   앙골라

설탕·담배·면화 등

면직물·총기·유리구슬 등

흑인노예

대서양 삼각무역 - 출처: 중앙일보

이처럼 노예무역을 통해 형성된 종속 구조는 단순한 경제적
착취에 그치지 않고, 19세기 후반 본격화된 식민지 확장의 기
반이 되었다. 이후 유럽 열강은 사람을 끌고 가는 방식이 아니
라, 아프리카의 영토 자체를 점령하고 통치하는 새로운 형태의
지배로 나아갔다. 1884년부터 1885년까지 열린 베를린 회의
는 이러한 흐름을 제도화한 결정적인 전환점이 되었다. 이 회
의에서 유럽 국가들은 아프리카 영토를 서로 나누며 '실효적 점
유(Effective Occupation)'를 인정받기 위한 경쟁에 돌입했고, 이로
인해 아프리카 대륙은 곧 제국주의 열강 간의 각축장이 되었다.

제3장
제국은 어떻게 통치했는가
식민 지배의 구조화

19세기 후반, 아프리카는 유럽 열강의 제국주의적 야망 아래 급속히 분할되며 본격적인 식민지 시대로 진입했다. 이른바 '아프리카 분할(Scramble for Africa)'로 불리는 이 시기는 단순한 영토 정복을 넘어, 아프리카 대륙 전체가 유럽 중심의 질서 속에 재편되는 역사적 전환점이었다. 유럽은 경제적 이권과 정치적 패권을 확보하기 위해 경쟁적으로 아프리카에 개입했고, 그 결과는 정치·경제·사회·문화 전반에 걸친 구조적 재편으로 이어졌다.

이러한 침탈의 배경에는 산업혁명 이후의 경제 팽창과 식민지 쟁탈 경쟁이라는 이중 요인이 자리하고 있었다. 산업혁명을 통해 막대한 생산력과 자본을 축적한 유럽은, 그 생산 시스템을 유지하기 위해 값싼 원자재 공급지, 새로운 상품 시장, 그리고 넘쳐나는 자본을 투자할 안정적인 공간을 필요로 했다. 아프리카는 이 세 가지 조건을 모두 충족하는 이상적인 대륙으로 인식되었고, 자연스럽게 열강의 표적이 되었다.

또한, 19세기 후반 유럽 내부에서는 정치적 균형이 급속히 무너지고 있었다. 1870년대 독일의 통일은 유럽의 세력 균형을 크게 흔들었고, 나폴레옹이 몰락한 뒤 한동안 유지되던 유럽 국가들 사이의 균형도 점차 무너지기 시작했다. 세력 균형이 흔들리자, 열강은 자국의 국제적 위상을 높이기 위해 앞다투어 해외 식민지 확보에 나섰다. 영국은 부상하는 독일 세력에 대응해 방어적인 제국주의 전략을 채택했으며, 보불전쟁(1870~1871)*에서 패한 프랑스는 제국주의를 통해 무너진 국가의 위신을 회복하려 했다. 독일의 통일을 이끈 비스마르크는 처음에는 제국주의에 대해 회의적이었지만, 유럽 내 세력 균형을 유지하기 위해 결국 아프리카 영토의 확보가 불가피하다고 판단했다.

초기에는 탐험과 선교, 상업 활동을 통해 아프리카에 접근하던 유럽 열강은 점차 무력과 행정력을 앞세운 직접 지배 방

---

* 프랑스와 프로이센(현재의 독일) 사이에서 벌어진 전쟁으로, 19세기 유럽의 국제 질서를 뒤흔든 중요한 사건.

식으로 나아갔다. 이 과정에서 그들은 '문명화의 사명(mission civilisatrice)'이라는 명분을 내세워 진보된 가치와 기독교 윤리를 전파하겠다고 주장했다. 그러나 이는 실상 자원 수탈과 영토 확장을 정당화하기 위한 수사에 불과했다. 겉으로는 고상한 문명을 말했지만, 실제로는 식민 지배를 정당화하는 논리였다.

베를린 회의는 이러한 식민 확장을 공식화한 국제적 사건이었다. 이 회의에서 유럽 열강은 아프리카 영토의 분할 원칙을 합의하였고, '실효적 점유'라는 개념을 도입해 실제 통치를 통한 영유권 확보를 정당화했다. 이 과정에서 아프리카인의 목소리는 철저히 배제되었고, 대륙의 운명은 외부의 논리와 이해관계에 따라 일방적으로 결정되었다.

이후 불과 30여 년 만에 아프리카 대륙의 90% 이상이 유럽의 식민지로 전락했다. 영국은 북쪽의 이집트에서 남쪽의 남아프리카까지를 잇는 '종단 정책'을 추진했고, 프랑스는 서부에서 동부를 연결하는 '횡단 전략'을 펼쳤다. 벨기에는 콩고를 국왕 레오폴드 2세의 사유지로 삼아 극심한 수탈을 자행했으며, 독일은 동아프리카와 서남아프리카에서 식민지를 운영하며 원주민에 대한 가혹한 탄압과 학살을 자행했다. 포르투갈과 이탈리아도 각각 앙골라, 모잠비크, 에리트레아 등지에서 식민 권력을 확장하였다.

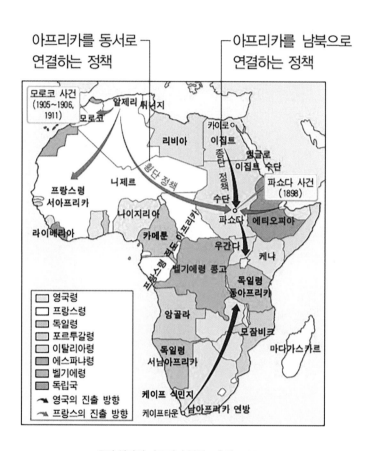

유럽 열강의 아프리카 분할 - 출처: orbi.kr

아프리카, 세계를 다시 그리는 대륙

식민 통치 방식은 열강마다 서로 달랐지만, 아프리카를 유럽 중심의 세계 질서에 편입시키는 것이 공통된 목표였다. 프랑스는 직접 통치(Direct Rule) 방식을 채택했다. 이는 프랑스 본국의 행정 제도와 법률, 언어, 문화를 식민지에 그대로 이식하는 방식이었다. 프랑스는 식민지의 전통적인 정치 구조를 인정하지 않았으며, 프랑스 관리들이 직접 지방을 통치했다. 일부 아프리카인들에게는 제한적으로 프랑스 시민권을 부여했지만 이는 극소수의 엘리트 계층에 국한되었고, 그마저도 프랑스식 교육을 받고 프랑스 문화를 내면화한 사람들에게만 해당되었다. 결국 대다수 아프리카인들은 자신들의 문화를 억압당한 채, 외래의 규범 속에서 살아가야 했다.

반면 영국은 간접 통치(Indirect Rule) 방식을 주로 사용했다. 이 체계는 아프리카의 기존 전통 권력자들을 행정 통치의 하위 파트너로 활용하는 방식이었으며, 이로 인해 식민 통치가 비교적 효율적으로 이루어질 수 있었다. 하지만 식민 당국이 원래 권력을 갖고 있지 않던 인물을 지도자로 임명하거나, 기존 권력자에게 과도한 행정 권한을 부여하면서 기존 공동체 질서가 뒤틀렸다. 이로 인해 지역 사회 내에서 권력의 균형이 무너지고, 주민과 전통 권력자 간의 신뢰가 크게 손상되었다.

벨기에는 그중에서도 가장 억압적인 방식의 식민 통치를 펼쳤다. 특히 벨기에령 콩고(Congo Free State)에서는 노동 강제와 자원 수탈이 극단적으로 이뤄졌다. 고무 채취량이 일정 기준에 미치지 못하면 주민들의 손을 자르거나 처형하는 등의 잔혹한 처벌이 자행되었으며, 수많은 인명이 학살당하거나 강제 노역으로 사망했다. 벨기에의 식민 통치는 철저히 경제적 수탈에 초점이 맞춰졌으며, 아프리카인의 교육이나 정치 참여는 거의 허용되지 않았다.

독일은 식민지 통치 기간이 비교적 짧았지만, 나미비아(Namibia) 지역에서 1904년부터 1908년 사이 헤레로족(Herero people)과 나마족(Nama people)에 대한 집단 학살을 자행하며 그 잔혹성을 드러냈다. 독일군은 반란을 진압한다는 명목으로 수만 명의 아프리카인을 사막으로 몰아넣고 식수와 식량을 차단하는 방식으로 죽음에 이르게 했으며, 일부는 강제수용소에 수감하여 사망케 했다. 이는 20세기 초에 발생한 조직적인 인종 학살 중 하나로, 오늘날까지도 역사적 책임 논의가 이어지고 있다.

그러나 식민주의의 폭력은 단지 생명의 말살에 그치지 않았다. 식민 통치는 정치 구조를 근본적으로 뒤흔들었다. 유럽 열강이 자의적으로 그은 국경선은 수많은 민족과 언어, 종교 공동체를 인위적으로 하나의 국가 안에 묶어 놓았고, 이는 민족 간 갈등과 국경 분쟁의 씨앗이 되었다.

식민 통치는 결과적으로 단순한 지배가 아닌, 아프리카 사회 전반을 재구성한 역사적 과정이었다. 공식적인 식민 지배는 20세기 중반 이후 차례로 해체되었지만, 그 유산은 여전히 아프리카 사회 곳곳에 깊이 남아 있다. 또한 식민 통치 과정에서 만들어진 왜곡된 권력 구조는 독립 이후에도 이어져, 일부 엘리트 계층이 권력을 독점하거나 군부가 정치에 개입하는 구조적 문제로 남았다.

제4장

수탈의 흔적

오늘까지 이어지는 경제의 불균형

식민 통치는 정치적 지배를 넘어, 아프리카의 전통적인 경제 질서를 무너뜨리고 유럽 중심의 세계 경제 체제에 강제로 편입시키는 과정이었다. 이 시기 아프리카의 경제는 지역 공동체를 기반으로 한 자급자족 농업과 물물교환 방식에서, 현금 작물*을 중심으로 하는 수출 지향형 구조로 급격히 재편되었다. 이런 변화는 유럽의 산업화를 뒷받침하려는 목적이었고, 그 결과 아프리카는 경제 구조가 기형적으로 바뀌고 외국에 의존하게 되는 문제를 안게 되었다.

---

* 식량 소비보다 수출과 수익 창출을 목적으로 하는 농작물.

　　　　　　　　　아프리카, 세계를 다시 그리는 대륙

이러한 현금 작물 중심의 경제 구조는 아프리카 경제의 가장 뚜렷한 변화였다. 코코아, 커피, 면화, 고무, 사탕수수 같은 수출 작물들이 식민 정부와 유럽 기업의 주도로 대규모로 재배되었다. 이로 인해 공동체 단위의 자급 농업은 점차 사라졌고, 식량 작물 재배는 줄어들면서 대륙 전역에서 기근과 영양 부족이 만성화되었다. 단일 작물에 의존하는 경제 구조는 세계 시장의 가격 변동에 따라 쉽게 흔들렸고, 이는 오늘날까지도 이어지는 아프리카 경제의 구조적 취약성으로 남아 있다.

광물 자원 수탈 역시 식민 경제의 또 다른 핵심 축이었다. 아프리카는 금, 다이아몬드, 구리, 주석, 보크사이트 등 다양한 자원을 풍부하게 보유하고 있었지만 이들 자원은 대부분 유럽 기업에 의해 원재료 상태로 채굴되어 외국으로 반출되었다. 아프리카 내에서의 가공이나 산업화는 의도적으로 억제되었으며, 이로 인해 많은 아프리카 국가들은 오늘날까지도 원자재 수출에만 의존하는 왜곡된 경제 구조에서 벗어나지 못하고 있다. 자원 채굴 과정에서는 환경 파괴, 노동 착취, 공동체 붕괴 등의 사회적 문제가 동시에 발생했다.

기반 시설 개발 역시 자원 수탈 중심의 구조에서 예외는 아니었다. 철도, 도로, 항만 등은 대부분 자원과 농산물을 항구로 운반하기 위한 일직선 구조로 건설되었고, 지역 간 연결이나 내륙 중심의 경제 개발은 전혀 고려되지 않았다. 예를 들어 세네갈의 다카르-니제르 철도, 케냐-우간다 철도, 콩고의 수출항 연결 철도망 등은 모두 자원 반출을 위한 수단이었다. 이처럼 식민지 시절에 형성된 일방적 수출 구조는 독립 이후에도 아프리카 경제에 큰 제약을 가하고 있다.

이와 더불어 식민 정부는 세금 제도와 강제 노동을 통해 아프리카인의 노동력을 착취했다. '두세(head tax)'*나 '노동세'와 같은 세금은 실질적으로 현금이 부족한 농민들로 하여금 노동으로 대신하게 만들었고, 이는 사실상 강제 노동 체제와 같았다. 벨기에령 콩고의 고무 채취 강제 노동, 프랑스 식민지의 '코르베(corvée)'** 제도는 대표적인 예로, 수많은 사람의 생명을 앗아 갔다. 또한, 청년 노동자들이 광산이나 도시로 이주하면서 농촌의 노동력이 고갈되었고, 가족 구조와 공동체 질서도 함께 해체되었다.

---

* 개별 성인 남성 1인당 부과되는 세금으로, 일반적으로 일정 연령 이상의 남성에게 부과.
** 식민 정부가 현지 주민에게 임금 없이 강제적으로 노동을 시키는 제도.

프랑스 식민지의 코르베 제도 노동 현장 - AI 생성 이미지

이러한 식민 경제 구조는 도시와 농촌, 유럽인과 아프리카인 사이에 극심한 격차를 낳으며 '이중 경제 구조(dual economy)'*를 형성했다. 유럽인 거주 지역과 자원 생산지에는 철도, 전기, 통

---

* 한 국가 내에서 두 개의 상이한 경제 체계가 병존하는 구조.

신 등 현대적인 기반이 집중되었지만, 아프리카인들이 사는 지역은 철저히 소외되었다. 이로 인해 지역 불균형과 사회 양극화는 더욱 심화되었다.

식민 경제는 단순히 과거의 수탈로만 끝나지 않았다. 그것은 지금도 아프리카 국가들이 직면하고 있는 경제 불안정, 산업화의 지연, 무역 구조의 왜곡, 외채 의존 등의 문제를 만들어 낸 역사적 토대였다. 아프리카 경제는 유럽 중심의 자본주의 체제에 편입되면서 자체적인 경제 시스템을 구축할 기회를 잃었고, 식민 지배가 끝난 이후에도 그 영향력은 쉽게 사라지지 않았다.

제5장
제국은 문화를 어떻게 이용했는가
교육과 종교의 양면성

식민 통치는 단순히 군사력과 행정력에만 의존하지 않았다. 유럽 열강은 아프리카 사회를 장악하고 재편하기 위해 문화적 도구를 적극 활용했다. 교육, 종교, 도시화는 모두 아프리카 사회를 근본적으로 바꾸기 위한 전략적 수단으로 활용되었다. 이 과정에서 아프리카인의 정체성과 사회 구조는 깊이 흔들렸다. 이러한 문화적 지배는 단지 당대의 현상에 그치지 않고, 오늘날까지도 이어지는 정신적 식민화의 흔적을 남기고 있다.

식민 교육의 핵심 목적은 모든 사람에게 교육 기회를 제공하는 것이 아니라, 식민 통치를 보조할 하급 관리자와 기술자를 양성하는 데 있었다. 교육은 대부분 유럽 언어로 진행되었으며,

아프리카의 역사와 언어, 문화는 교육 과정에서 철저히 배제되었다. 이로 인해 아프리카인들은 자신들의 전통을 열등하다고 여기게 되었고, 유럽의 가치관과 세계관을 자연스럽게 받아들이면서 문화적으로 소외되는 경험을 하게 되었다. 유럽식 교육을 받은 소수의 엘리트는 점차 자신이 속한 민족과 문화로부터 멀어지게 되었고, 그 과정에서 정체성의 혼란을 겪었다.

기독교 선교는 교육과 더불어 아프리카인의 정신을 재구성하는 데 중요한 수단이 되었다. 유럽 선교사들은 기독교의 윤리와 가치를 전파하면서 토착 종교와 관습을 미신으로 간주하고 배척했다. 조상 숭배, 제사, 공동체 의례 같은 전통 관습은 부정적인 것으로 낙인찍혔고, 그 자리는 유럽의 종교관과 생활 규범으로 대체되었다. 선교사들은 학교와 병원을 세워 기독교가 문명화된 삶의 방식이라는 인식을 심어 주었으며, 종교는 단순한 믿음의 체계를 넘어 아프리카인의 자아 인식과 공동체 질서를 변화시키는 강력한 도구로 활용되었다.

이러한 문화적 지배와 함께, 식민 도시들은 행정과 경제적 수탈의 거점으로 개발되었다. 라고스, 다카르, 요하네스버그 같은 도시는 철도, 항만, 관청이 집중되며 빠르게 성장했고, 이들 도시는 유럽인과 아프리카인의 주거지가 철저히 분리되는 구조로 운영되었다. 도시의 기반 시설과 공공 서비스는 유럽인 거주지에 집중되었고, 아프리카인들은 열악한 주변 지역에 머물며 공간적 차별을 일상적으로 겪어야 했다. 남아프리카에서는 이러한 차별이 아예 법제화되어 '아파르트헤이트'라는 인종 분리 체제로 이어졌다.

도시화는 인구 이동을 수반했다. 특히 청년 남성들은 세금 납부와 생계유지를 위해 농촌을 떠나 도시로 이동했고, 그 결과 농촌 지역의 공동체 기반은 급격히 무너졌다. 여성과 노인은 남겨진 농촌에서 생계를 책임져야 했고, 도시로 온 노동자들은 주로 비공식 정착촌에 살며 불안정한 노동 환경에 노출되었다. 이는 새로운 사회 계층의 형성과 함께 도시 내 갈등을 심화시키는 원인이 되었다.

흥미롭게도, 식민 권력이 지배 수단으로 활용했던 교육과 종교는 결과적으로 해방의 불씨가 되기도 했다. 유럽식 교육을 통해 자유와 평등, 민족주의 사상을 접한 일부 아프리카 엘리트들은 식민 지배의 모순을 깨닫고 저항 운동의 지도자로 성장했다. 이와 함께, 기독교가 강조한 인간 존엄성과 형제애는 일부 성직자와 신자들이 식민주의를 비판하고 사회 개혁 운동에 동참하는 계기가 되었다. 이처럼 문화적 지배의 도구였던 교육과 종교는 역설적으로 해방 운동의 기반이 되기도 했다.

오늘날 아프리카 사회는 여전히 식민 시기에 형성된 문화 구조 속에서 살아가고 있다. 유럽 언어가 공용어로 사용되고, 교육 제도도 식민지 시절의 틀을 크게 벗어나지 못했다. 도시화로 인한 지역 간 불균형과 공동체 해체 역시 계속되고 있다. 결국 식민 통치의 문화 정책은 '근대화'라는 명분 아래 아프리카인의 정체성과 삶의 방식을 서구적으로 재편하려는 시도였으며, 그 문화적 흔적과 정신적 영향은 오늘날에도 아프리카 사회 곳곳에 깊게 남아 있다.

제6장

민족의 눈을 뜨다

독립을 향한 거대한 물결

20세기 중반, 아프리카는 유럽 제국주의에서 벗어나려는 거대한 역사적 전환기를 맞았다. 이 시기의 민족주의는 단순히 정치적 독립만을 추구한 것이 아니라, 아프리카인의 정체성과 존엄을 회복하고 식민주의가 남긴 억압의 구조를 근본적으로 극복하려는 움직임이었다. 다시 말해, 아프리카 민족주의는 지리적 해방을 넘어 정신적·문화적 해방을 지향한 총체적인 사회 운동이었다.

아프리카 민족주의는 갑작스럽게 폭발한 감정의 분출이 아니었다. 그것은 수십 년 동안 누적된 경제적 수탈, 정치적 탄압, 문화적 억압에 대한 집단적 분노와 저항이 쌓여 만들어진 결과였다. 특히 두 차례의 세계대전은 유럽 제국의 권위에 균열을 일으켰고, 전후 새롭게 형성된 국제 질서는 식민 지배의 정당성을 약화시켰다. 이 가운데 유엔(UN)의 창설과 함께 채택된 민족자결(self-determination) 원칙은 아프리카 독립운동에 국제적 정당성을 부여하며, 자주독립의 희망을 구체화시키는 계기가 되었다.

이에 더해, 전쟁에 징집되어 유럽과 아시아 전선에서 싸웠던 아프리카 병사들은 귀국 후에도 여전히 식민지 국민의 신분으로 차별받았고, 이러한 경험은 기존 식민 질서에 대한 회의와 저항 의식을 더욱 확고히 했다.

식민 시기에 제한적으로 도입된 유럽식 교육도 역설적으로 민족주의의 토대를 만들었다. 자유주의, 사회주의, 민족자결 등 새로운 정치사상을 접하며 교육을 받은 아프리카 청년들은 비판적 사고와 조직력을 바탕으로 독립운동의 중심 세력으로 성장했다. 이들은 식민 통치의 모순을 인식하고, 이를 극복하기 위한 정치 조직과 대중 운동을 주도했다.

도시화 역시 민족주의의 확산에 중요한 역할을 했다. 행정 중심지와 산업 도시로 성장한 식민 도시들은 다양한 계층의 사람들이 모이는 공간이었고, 그만큼 정치적 의식과 조직 활동이 활발하게 이루어질 수 있었다. 도시의 중산층과 노동자 계층은 식민 체제에 대한 불만을 공유하며 민족 해방 운동의 핵심 기반이 되었다.

민족주의는 대륙 내에만 머물지 않고, 디아스포라 지식인들과의 연대를 통해 국제적 사상으로 발전해 나갔다. 마커스 가비(Marcus Garvey)*, W. E. B. 듀보이스(W.E.B. Du Bois)** 등 아프리카계 지식인들은 범아프리카주의(Pan-Africanism)를 통해 전 세계 흑인의 연대와 자각을 촉구했다. 이 사상은 단일 민족국가의 틀을 넘어 공동의 역사와 정체성을 공유하는 흑인 공동체의 형성을 지향했으며, 아프리카 민족주의자들에게 강한 사상적 영향을 주었다. 범아프리카 회의는 독립운동가들이 전략을 논의하고 상호 협력을 도모하는 국제적 장이 되었고, 이후 아프리카 독립국 간 외교 협력의 기초가 되었다.

아프리카의 독립운동은 지역과 역사적 상황에 따라 서로 다른 형태로 전개되었다. 서아프리카에서는 비교적으로 식민 당국과의 평화적인 협상과 대중적인 정치 운동이 독립을 이끄는 주요 경로가 되었다. 이 지역에서는 전면적인 무장 투쟁보다는

---

* 자메이카 출신의 흑인 민족주의 운동가로, "흑인은 스스로를 해방시켜야 한다"라고 주장.
** 미국 출신의 사회학자이자 시민권 운동가로, 하버드대 최초의 아프리카계 미국인 박사.

정치 조직의 결성과 대중 동원을 통한 비폭력적 방식이 주를 이루었다.

가나는 그 대표적인 사례로, 아프리카 독립운동의 상징적 출발점이 되었다. 콰메 은크루마(Kwame Nkrumah)*는 영국 식민 지배에 맞서 '컨벤션 인민당(Convention People's Party, CPP)'을 창당하고, '지금 독립!'이라는 구호 아래 전국적인 대중 운동을 이끌었다. 그는 도시 노동자, 농민, 청년층을 조직해 대규모 시위와 총파업을 주도했고, 이러한 압력은 영국 당국이 정치적 양보를 하는 데 결정적인 역할을 했다.

은크루마는 식민 당국에 의해 수차례 투옥되었지만 이는 오히려 더욱 대중의 지지를 얻는 계기가 되었고, 1951년 총선에서는 압도적인 지지로 승리하며 총리가 되었다. 이후 점진적인 자치 확대와 헌법 개정을 통해, 1957년 3월 6일 가나는 마침내 영국으로부터 완전한 독립을 이루었다. 이는 사하라 이남 아프리카에서 최초의 독립 사례로, 이후 다른 아프리카 국가들의 독립운동에 강력한 자극이 되었다.

반면 북아프리카와 남부 아프리카에서는 식민 지배가 더욱

---

* 가나의 초대 대통령이자 아프리카 독립운동과 범아프리카주의의 상징적 인물.

억압적이고 폭력적으로 유지되었기 때문에, 무장 투쟁과 장기적인 저항이 독립의 주요 방식이 되었다. 이들 지역에서는 정치적 협상만으로는 식민 체제를 타파하기 어려웠고, 결국 수많은 사람들이 목숨을 걸고 독립운동에 참여해야 했다.

알제리는 그 대표적인 사례이다. 1830년부터 프랑스의 식민지로 지배받았던 알제리는, 1954년 무장 독립 세력인 민족해방전선(Front de Libération Nationale, FLN)이 조직되면서 본격적인 독립 전쟁에 돌입했다. FLN은 전면적인 게릴라전을 전개했고, 프랑스는 이를 진압하기 위해 군대와 특수부대를 대거 파견하여 민간인 포함 수십만 명이 희생되는 참혹한 전쟁이 벌어졌다. 전투뿐 아니라 고문, 학살, 보복 등 전쟁 범죄 수준의 폭력이 난무했으며, 알제리는 전 세계적 반식민주의 운동의 상징적 사례로 기억되었다.

이러한 치열한 투쟁 끝에 1962년 에비앙 협정(Evian Accords)*이 체결되었고, 알제리는 132년 만에 프랑스로부터 독립을 쟁취하게 되었다. 알제리 독립 전쟁은 무장 투쟁의 정당성과 그 한계를 동시에 보여 준 사례로, 이후 아프리카의 다른 저항 운동에도 적지 않은 영향을 끼쳤다.

---

* 프랑스와 알제리 민족해방전선 사이에 체결된 알제리 독립을 공식화한 협정.

남부 아프리카에서는 식민 지배 이후에도 인종 차별 정책이 오랫동안 유지되었다. 특히 남아프리카공화국은 1948년부터 공식적으로 아파르트헤이트라는 제도를 도입하여 절대적 다수를 차지하는 흑인 인구를 철저히 분리·차별했다. 정치 참여는 물론 주거지, 교육, 의료, 이동의 자유까지 제한받았고, 흑인들은 자신들의 조국에서 '이등 시민'으로 살아야 했다.

이에 맞서 넬슨 만델라(Nelson Mandela)와 아프리카민족회의(African National Congress, ANC)*는 오랜 시간 투쟁을 이끌었다. 초반에는 비폭력 저항 운동이 주를 이루었지만, 1960년 샤프빌(Sharpeville)에서 발생한 비무장 흑인 시위대에 대한 경찰의 무차별 총격 사건을 계기로 무장 투쟁 노선으로 전환되었다. 만델라는 이후 체포되어 27년간 투옥되었고, 그의 석방과 함께 본격적인 민주화 협상이 시작되었다. 그 결과 1994년 남아프리카공화국은 최초의 보통선거를 실시하였고, 만델라는 흑인 다수의 지지를 받아 대통령으로 선출되었다. 이로써 인종차별이 법적, 제도적으로 철폐되는 역사적 전환점이 마련되었다.

동아프리카의 케냐에서는 무력 투쟁과 정치 협상이 결합된 형

---

* 남아프리카공화국에서 가장 오래된 정치 조직 중 하나로, 1912년에 흑인들의 권리 보호와 인종차별 철폐를 목표로 창립된 정당.

아프리카, 세계를 다시 그리는 대륙

태의 독립운동이 전개되었다. 특히 1952년부터 시작된 마우마우(Mau Mau) 저항 운동은 케냐 독립의 분수령이 되었다. 이 반란은 백인 정착민과 영국 식민 정부에 대한 격렬한 저항 운동으로, 주로 키쿠유족(Kikuyu)을 중심으로 조직되었으며, '땅과 자유를 되찾자'라는 구호 아래 무장봉기를 감행했다. 마우마우는 식민 권력에 맞서 광범위한 게릴라 전투를 벌였고, 이에 대해 영국은 대규모 진압 작전을 전개하며 수만 명을 구금하고 수천 명을 학살했다. 이 과정에서 민간인 피해와 인권 침해가 심각하게 발생했으며, 케냐 사회 전반이 극심한 긴장 상태에 놓였다.

마우마우 저항 운동 - 출처: BBC

그러나 한편으로는 정치적 협상과 대중 운동도 병행되었다. 조모 케냐타(Jomo Kenyatta)*는 민족주의 정당인 케냐 아프리카 민족연합(KANU)을 이끌며, 마우마우 무장 투쟁과는 달리 정치적 협상을 통해 독립을 추구했다. 그는 실제로 마우마우 조직을 이끈 것은 아니었지만, 그들과 연관된 인물로 지목되어 투옥되었다. 그러나 시간이 흐르면서 그는 케냐 독립의 정당성을 상징하는 인물로 받아들여졌다.

결국 무력 투쟁은 식민 체제의 정당성을 흔들었고, 정치 협상은 독립의 제도적 기반을 마련하면서, 1963년 케냐는 영국으로부터 독립을 이루게 되었다. 이처럼 케냐의 독립은 단순한 무력 충돌이나 정치적 담판만이 아닌, 민중 저항과 지도자의 외교적 역량이 함께 작용한 결과였다. 이러한 복합적 독립 방식은 당시 다른 아프리카 국가들에서도 종종 나타났으며, 민족 해방이 다양한 양상으로 전개되었음을 보여주었다.

그러나 독립은 결코 끝이 아니었다. 오히려 그것은 새로운 과제의 시작이었다. 식민 통치가 남긴 인위적 국경선, 중앙집중적 통치 구조, 수출 중심의 경제 시스템은 많은 독립 국가들에

---

* 케냐 초대 대통령(1964~1978)을 지낸 인물로, 케냐 독립의 상징이자 현대 아프리카 민족주의의 대표적 인물로 평가.

아프리카, 세계를 다시 그리는 대륙

게 복합적인 도전을 안겨 주었다. 다양한 민족, 종교, 언어가 섞여 있는 국가들에서는 국민 정체성을 형성하는 일부터가 쉽지 않았다. 그 결과 정치적 불안정, 군사 쿠데타, 독재 정권의 등장 같은 문제가 잇따랐다.

경제적으로도 아프리카는 독립 이후에도 여전히 과거 식민 지배국과 다국적 기업에 의존하는 구조에서 벗어나기 어려웠다. 독립은 정치적인 주권 회복을 의미했지만, 경제 운영은 여전히 과거 식민 종주국의 자본과 시장에 의존할 수밖에 없었다. 예컨대 광물 자원, 농산물 등 주요 수출품은 여전히 외국 기업에 의해 좌우되었고, 자국 내 산업 기반은 미약한 상태로 남았다. 이러한 경제 구조는 독립 이후에도 형태만 바뀌었을 뿐 본질적으로는 식민지 시절의 불균형한 관계가 유지되고 있다는 비판을 낳았으며, 이를 '신식민주의(neocolonialism)'라고 일컬었다.

오늘날의 민족주의는 단지 과거의 독립운동을 기념하는 데 머무르지 않는다. 그것은 식민 지배에 대한 저항이라는 역사적 유산을 계승하면서도 민주주의, 시민권, 경제적 정의, 세대 간 형평성 등 현대 사회의 다양한 요구를 포괄하는 사상으로 진화하고 있다. 젊은 세대는 콰메 은크루마, 넬슨 만델라와 같은 독립운동의 지도자들을 존경하면서도, 동시에 지금 이 시대의 현

실에 맞는 새로운 정체성과 공동체를 만들어 가려는 노력을 계
속해 나가고 있다.

아프리카, 세계를 다시 그리는 대륙

독립 이후,
왜 민주주의는
흔들렸는가?

냉전과
국가 건설의 혼란을
들여다보다

제1장

냉전의 전장, 아프리카

강대국의 개입과 비동맹의 길

냉전 시기의 아프리카는 단지 강대국들의 전략적 대결을 받아들이는 수동적인 공간에 머무르지 않았다. 이 시기는 식민 지배로부터 이제 막 독립한 아프리카 국가들이 처음으로 국제 정치 무대에 진입해, 자신들만의 외교 전략과 정치적 자율성을 실험하던 중요한 전환기였다.

그러나 그 시기 세계는 미국과 소련 등 강대국들을 중심으로 이념과 체제를 둘러싼 치열한 경쟁 구도 속에 있었고, 아프리카는 이 대결의 새로운 전장으로 떠올랐다. 제2차 세계대전 직후, 영국과 프랑스는 자신들이 공산주의 확산을 막는 최전선의 수호자라고 주장하며 아프리카에서의 영향력 유지를 정당화했다.

하지만 1950년대 중반 이후, 소련 역시 아프리카를 '제2의 전선'으로 규정하고 적극적인 개입을 시도했다. 이로 인해 1960년대에 접어들면서 아프리카는 냉전의 주요 격전지가 되었다. 한편으로는 미국과 그 동맹국들이, 다른 한편으로는 소련, 위성 국가들, 그리고 중국까지도 아프리카 각지의 내전과 분쟁에 개입하며 대립했다.

강대국들은 각자의 이해관계에 따라 아프리카의 전략적 자원과 지정학적 중요성에 주목했고, 독립 국가들을 자신들의 진영으로 끌어들이기 위해 군사적, 경제적, 외교적 수단을 총동원했다. 이로 인해 콩고, 앙골라, 모잠비크, 에티오피아, 소말리아 등지에서는 외세의 개입과 함께 내전과 쿠데타가 잇따랐다.

독립이라는 정치적 성취는 아프리카 국가들에게 새로운 가능성을 열어 주었지만, 동시에 국제 정치의 격랑 속으로 진입하는 출발점이기도 했다. 많은 아프리카 국가들은 외부 세력의 전략적 이해관계에 휘말리며, 스스로의 정치적 방향을 온전히 결정하기 어려운 복잡한 현실과 맞서야 했다.

하지만 아프리카 국가들은 이러한 압력에 단순히 종속된 것만은 아니었다. 1955년 인도네시아 반둥(Bandung)에서 열린 아시아·아프리카 회의(Asian-African Conference)는 냉전 질서에 대한 아프리카의 첫 집단적 대응이었다. 이 회의는 '비동맹'이라는 외교 노선을 제시하며, 아프리카 국가들에게 자주적 외교의 가능성을 보여 주었다. 비동맹은 단지 중립을 의미하는 것이 아니라, 어느 한 진영에도 속하지 않으면서 자국의 정치적 자율성과 독립을 지키고자 했던 적극적인 전략이었다.

1955년 반둥 회의 - 출처: 서울경제

가나의 콰메 은크루마, 알제리의 우아리 부메디엔(Houari Boumédiène)*, 탄자니아의 줄리어스 니에레레(Julius Nyerere)**

---

* 알제리의 혁명가이자 군사 지도자로, 알제리 제2대 대통령(1965~1978) 역임.
** 탄자니아의 초대 대통령이자, 아프리카 현대사에서 가장 존경받는 정치 지도자 중 한 명으로 평가.

등은 냉전의 한가운데서 강대국 어느 편에도 서지 않겠다는 '비동맹'의 정신을 외교 정책에 적극 반영했다. 이들은 미국이나 소련의 영향력에 휘둘리지 않고, 아프리카의 자주적 외교를 모색했다.

콰메 은크루마는 '아프리카는 아프리카인의 것이다'라는 구호 아래, 아프리카의 정치적 통합과 독립국 간 연대를 강조했다. 그는 1963년 아프리카통일기구(OAU, 현 아프리카연합 AU)의 창설을 주도하며 아프리카 국가들의 정치 협력 기반을 마련했고, 아프리카 전체의 목소리를 국제사회에 전달하고자 했다.

알제리의 부메디엔은 1974년 유엔 총회에서 신국제경제질서(New International Economic Order, NIEO)를 촉구하는 연설로 세계적인 주목을 받았다. 그는 당시 선진국 중심의 무역 질서가 개발도상국에 불리하게 작용하고 있다며, 자원 가격의 공정한 책정, 기술 이전, 부채 탕감 등 세계 경제 구조의 근본적 개혁을 주장했다. 이 연설은 많은 개발도상국들의 지지를 받으며 신국제경제질서 논의를 확산시키는 계기가 되었다.

그러나 냉전의 그림자는 아프리카 내부로도 깊숙이 드리워졌다. 독립 이후 많은 국가에서 권위주의 정권이 등장했고, 군사쿠데타와 일당 독재가 확산되었다. 미국과 소련을 비롯한 강대

아프리카, 세계를 다시 그리는 대륙

국들은 각자의 영향력을 확대하기 위해 이러한 정권을 지원했으며, 군사 및 경제 원조라는 명분 아래 이루어진 지원은 아프리카의 정치 구조를 왜곡시켰다. 그 결과 군사화가 가속화되고 부패와 인권 침해가 일상화되는 등 국가의 내적 불안정이 심화되었다.

특히 콩고 위기와 앙골라 내전은 외세의 개입이 지역 갈등을 더욱 복잡하게 만들고, 내정에 결정적인 영향을 미쳤던 대표적인 사례였다.

콩고 위기는 벨기에로부터의 독립 직후 발생했다. 당시 콩고는 정치적으로 매우 불안정한 상태였고, 초대 총리였던 파트리스 루뭄바(Patrice Lumumba)는 여전히 영향력을 행사하던 구 식민 세력과 서방 국가들로부터 강한 압박과 위협을 받고 있었다. 루뭄바는 비동맹 외교를 지향했지만, 소련에 도움을 요청한 것을 계기로 미국과 벨기에는 그를 공산주의 성향의 인물로 간주하고 제거 대상으로 삼았다. 결국 루뭄바는 서방의 묵인하에 암살되었다. 이후 조셉 모부투(Joseph Mobutu)*가 군부 쿠데타를 일으켜 정권을 장악했고, 미국의 지원을 받으며 장기 독재 체제

---

* 1965년부터 1997년까지 자이르(Zaire, 현재의 콩고민주공화국)를 통치한 독재자로, 아프리카 냉전 시기의 대표적인 권위주의 지도자 중 한 명으로 평가.

를 구축했다. 이 사례는 콩고의 정치 발전을 크게 왜곡시켰을 뿐 아니라, 냉전 시기의 외세 개입이 한 나라의 운명을 어떻게 바꿀 수 있는지를 단적으로 보여 준다.

앙골라 내전의 경우도 1975년 포르투갈로부터의 독립 이후 본격화되었다. 독립을 앞두고 세 개의 주요 무장 세력—마르크스주의 성향의 MPLA(앙골라 해방인민운동), 미국과 남아프리카공화국의 지원을 받은 FNLA(앙골라 민족해방전선), 그리고 중국과 후에 미국의 지원을 받은 UNITA(앙골라 완전독립 민족동맹)—이 서로 주도권을 다투며 내전이 벌어졌다. 소련과 쿠바는 MPLA를, 미국과 남아공은 UNITA를 지원하며 내전은 곧 냉전 대리전의 성격으로 확대되었다. 앙골라의 풍부한 석유와 다이아몬드 자원은 이 갈등에 경제적 이해관계를 더했고, 전쟁은 수십 년간 지속되며 수백만 명의 사상자와 난민을 낳았다.

이들 분쟁은 단지 냉전의 이념 대립에 그치지 않았다. 그 이면에는 풍부한 자원을 둘러싼 강대국 간의 경제적 이해관계와 아프리카 대륙에서의 영향력 확대 경쟁이 내포되어 있었다. 따라서 콩고와 앙골라의 사례는 냉전이 아프리카에 남긴 정치적 불안정, 인도주의적 위기, 그리고 국가 주권 침해의 복합적인 문제를 집약적으로 보여 주는 상징적 사건이라 할 수 있다.

아프리카, 세계를 다시 그리는 대륙

그럼에도 냉전 시기의 아프리카 외교는 피해의 역사로만 남지 않았다. 비동맹운동의 확산은 제3세계 국가들의 목소리를 국제사회에 전달하는 계기가 되었다. 많은 아프리카 국가들은 이를 바탕으로 독립 외교, 지역 협력, 남남협력(South-South Cooperation)* 등을 추구하며 국제 정치의 주체로 나아가고자 했다. 이러한 노력은 아프리카연합(AU)의 출범, 지역 경제 공동체의 형성, 다자주의 외교로 이어졌으며 이후에도 중요한 외교 자산으로 계승되었다.

이러한 흐름은 냉전 시기의 도전 속에서도 아프리카가 외교적 주체로 나아갈 수 있는 기반이 되었다. 그럼에도 냉전은 아프리카에 외부 개입과 내정 불안정이라는 이중의 짐을 안겨 주었지만, 동시에 아프리카가 국제 정치의 객체가 아니라 주체로 설 수 있는 가능성을 시험한 시기이기도 했다.

---

* 개발도상국들이 서로의 경험과 자원을 공유하며 공동의 발전을 도모하는 협력 방식.

제2장
총과 권위
민주주의를 가로막은 쿠데타의 유산

아프리카 현대 정치사에서 군사 쿠데타는 단순한 정권 교체만을 의미하는 것이 아니었다. 그것은 정치 체제의 불안정, 제도의 미비, 그리고 시민들의 정치적 무력감을 드러내는 상징적인 사건이었다. 독립 이후 많은 아프리카 국가들이 헌법과 민주 제도를 갖춘 자율적인 정치 체제를 수립하려 했지만, 현실은 그 이상과 큰 거리가 있었다. 많은 나라에서 정권은 민간 정부가 아닌 군부에 의해 탈취되었고, 이로 인해 권위주의 정권이 장기 집권하고 민주주의는 후퇴하게 되었다.

이러한 현실의 뿌리는 식민지 시대에 형성된 군대의 태생적 역할에서 찾을 수 있다. 식민지 시기의 군대는 국민과 영토를 외부의 위협으로부터 방어하는 전통적인 의미의 '국가 군대'가 아니었다. 오히려 군대는 식민 지배를 유지하기 위한 수단으로 활용되었다. 유럽 열강은 아프리카 각지에 군사력을 배치하고, 현지인을 식민지 군인으로 모집하여 세금 징수, 강제 노동, 질서 유지, 반란 진압 등의 임무를 수행하게 했다. 이처럼 군대는 자국민을 보호하는 것이 아니라, 그들을 통제하고 억압하는 도구로 기능했다.

이러한 군대의 구조와 역할은 독립 이후에도 이어졌다. 식민 시기 내내 국민을 감시하고 억제하는 데 익숙해진 군은 독립 후에도 정치적 질서 유지의 책임을 자신들이 떠안아야 한다고 인식했고, 때로는 정권을 직접 장악하는 것을 정당화했다. 군은 외부 방어보다 내부 통제에 집중했으며, 이는 곧 군의 정치 개입을 용이하게 만들었다.

나아가, 군 내부의 구조적 특징 역시 독립 이후 정치 개입을 더욱 쉽게 만드는 요인이 되었다. 식민지 군대의 계급 구조와 명령 체계는 강한 위계질서를 기반으로 조직되었으며, 이는 독립 이후에도 군 내부의 권위주의 문화를 강화시키는 요인이 되었다.

한편, 1960년대 아프리카에 불어닥친 독립의 물결은 새로운 정치 실험의 기회를 제공했지만 대부분의 신생국은 행정 경험 부족, 분열된 국민 정체성, 식민 통치의 중앙집권 유산이라는 제약 속에 출발했다. 일부 국가는 다당제와 민주주의를 도입했지만, 권력자들의 부정부패와 경제 실패는 국민의 실망과 분노를 초래했고, 이는 곧 군부 개입의 빌미가 되었다.

특히 독립 전쟁 과정에서 군이 중심적인 역할을 했던 국가에서는 군대가 자연스럽게 정치권력에 쉽게 접근할 수 있었으며, 자신들의 투쟁 경험을 기반으로 통치 권한까지 정당화했다. 이 시기의 국제 정세, 특히 냉전은 이러한 흐름을 더욱 부추겼다. 미국과 소련 등 강대국들은 이념 경쟁 속에서 각자의 이해에 부합하는 군사 정권을 지원했고, 이로 인해 아프리카 내부의 정치적 자율성과 민주주의 발전은 더욱 제약을 받았다. 실제로 나이지리아에서는 1966년 첫 번째 군사 쿠데타를 시작으로 1999년까지 수차례 군사 정권 수립이 반복되었고, 이는 정치적 불안정과 민주주의의 정착을 가로막는 핵심 요인이 되었다. 우간다에서도 1971년 이디 아민(Idi Amin)*이 쿠데타로 정권을 장악한 뒤, 수많은 인권 탄압과 폭정을 자행하며 국제사회로부터 '아프리카의 독재자'로 불릴 만큼 부정적인 상징이 되었다.

---

* 우간다의 군사 독재자로, 아프리카 현대사에서 가장 악명 높은 지도자 중 한 사람으로 평가.

반면 가나의 제리 롤링스(Jerry Rawlings)*는 처음에는 군사 쿠데타로 권력을 잡았지만, 이후 헌법을 복원하고 다당제를 통한 선거를 실시해 민간 정권으로 권력을 평화롭게 이양하였다. 그는 군사 정권에서 출발했지만, 자발적인 민주주의 전환을 이끌었다는 점에서 아프리카 정치사에서 보기 드문 예외적이고 긍정적인 사례로 평가받는다.

대부분의 군사 정권은 권위주의적 통치를 시행했다. 언론과 정당은 억압되었고, 시민사회의 활동은 통제되었다. 정치적 반대자들은 탄압과 숙청의 대상이 되었으며, 정권은 '질서'와 '안보', '경제 개발'이라는 명분을 내세웠지만, 실제로는 권력 유지에 집중했다. 그러나 이러한 억압 속에서도 노동조합, 학생운동, 인권단체 등은 지속적으로 민주주의를 요구하며 저항을 이어갔다.

1980~1990년대에 들어서면서 냉전 구도가 점차 해체되었으며, 1991년 소련의 붕괴는 냉전 종식의 결정적 전환점이 되었다. 이와 함께 아프리카 정치 지형에도 변화의 기운이 감지되기 시작했다. 국제사회는 아프리카 국가들에 정치 개혁과 인권 보

---

* 군인 출신 정치가로 두 차례의 쿠데타를 통해 권력을 잡았으며, 이후 민주적인 절차에 의해 대통령으로 당선되었으나 재임 기간 인권 침해와 정치적 논란으로 인해 엇갈린 평가.

장을 강하게 요구했고, 특히 외국 원조를 제공하는 조건으로 민주주의적 제도 정비를 요구하는 경우가 많아졌다. 이른바 '정치적 조건부 원조(political conditionality)'는 기존 정권에 대한 압박으로 작용했고, 그 결과 일부 국가에서는 일정 수준의 개혁과 민주화가 이루어지기 시작했다.

아프리카 내부에서도 자정 노력이 이어졌다. 아프리카연합(AU), 서아프리카국가경제공동체(ECOWAS)* 등 지역 기구들은 쿠데타나 비헌정적 정권 교체에 대해 명확한 반대 입장을 표명했고, 회원국들의 민주적 전환을 촉진하는 데 적극적으로 나섰다.

---

* 서아프리카 지역 15개 국가의 경제 통합과 정치적 협력을 목적으로 1975년에 설립된 지역 기구.

아프리카, 세계를 다시 그리는 대륙

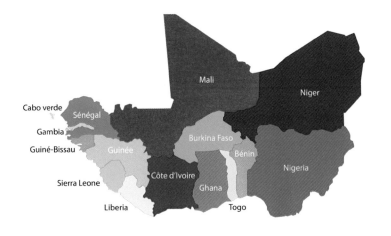

서아프리카국가경제공동체 회원국 현황 - 출처: ResearchGate

그런데 2020년대에 들어서며 말리, 기니, 부르키나파소, 니제르 등에서 군사 쿠데타가 연이어 발생하였다. 이는 과거의 권위주의적 통치와 군의 정치 개입이 여전히 반복되고 있으며, 민주주의 체제가 얼마나 쉽게 무너질 수 있는지를 보여 주는 사례가 되었다. 이들 국가에서는 선거를 통한 정부 수립 이후에도 안보 불안, 경제 위기, 정치 지도자에 대한 불신이 누적되면서 군이 다시 '질서 회복'을 명분으로 정권을 장악했다.

결국 아프리카에서 군사 쿠데타는 식민지 시기에 형성된 군의 억압적 역할과 권위주의적 정치 구조, 그리고 시민사회와 제도의 미성숙이 복합적으로 맞물린 결과였다. 그러나 시민사회의 지속적인 저항, 국제사회의 민주화 요구, 내부의 성찰과 개혁은 민주주의의 가능성을 여전히 열어 두고 있다. 민주주의는 제도 도입만으로 완성되지 않는다. 시민들이 참여하고 권력을 감시하면서 민주주의를 끊임없이 다듬어 가야 한다는 점에서 아프리카의 사례는 오늘날에도 큰 의미를 갖는다.

아프리카, 세계를 다시 그리는 대륙

제3장

국가 건설과 민족 정체성의 문제

인위적 경계 안에서의 국민 만들기

아프리카는 식민 지배의 굴레에서 벗어난 뒤 정치적 독립이
라는 역사적 전환점을 맞이했지만, 그 독립이 곧바로 안정된 국
가 건설로 이어진 것은 아니었다. 많은 아프리카 국가들은 국민
통합과 국가 정체성의 확립을 위해 깊은 혼란과 갈등을 겪었다.
이러한 난관의 배경에는 식민지 시기 유럽 열강이 자의적으로
설정한 인위적인 국경선과, 그로 인한 민족 분열의 문제가 자리
하고 있었다.

베를린 회의는 유럽 열강들이 아프리카 대륙을 자신들의 이
해관계에 따라 분할하기 위해 개최한 국제 회담이었다. 이 회의
에서 아프리카 국가들의 의견은 전혀 반영되지 않았고, 아프리

카 대륙은 지도 위에 직선을 긋듯 열강의 식민지로 분할되었다. 당시 유럽 열강은 아프리카의 역사적, 문화적, 사회적 맥락을 고려하지 않고, 자원 확보와 전략적 이권을 중심으로 국경선을 설정했다.

그 결과 약 3천 개가 넘는 서로 다른 민족 집단이 지닌 고유한 언어, 문화, 종교, 역사적 정체성은 완전히 무시되었다. 이질적인 민족들이 하나의 국가 안에 억지로 묶이는가 하면, 하나의 민족이 인위적으로 나뉘어 여러 국가에 걸쳐 분산되기도 했다.

예를 들어, 소말리족은 오늘날 소말리아, 에티오피아, 지부티, 케냐 등지에 걸쳐 분포하고 있으며, 이로 인해 국경을 넘나드는 민족 분쟁이 발생해 왔다. 반대로 나이지리아는 하우사-풀라니, 요루바, 이보 등 전혀 다른 언어와 문화를 가진 민족들이 하나의 국가 안에 공존하게 되었고, 이는 곧 정치적 갈등과 민족 간 경쟁으로 이어졌다.

이러한 인위적인 경계 설정은 이후 아프리카 국가들이 독립을 이룬 뒤에도 지속적인 민족 갈등의 근원이 되었다. 분열된 민족은 국경을 둘러싼 분쟁을 낳았고, 이질적인 공동체를 하나의 국민으로 통합하는 데에는 큰 어려움이 따랐다. 유럽 열강의 자의적인 국경 설정은 단지 식민 통치의 편의를 위한 조치였지만, 아프리카에는 깊은 역사적 상처와 정치적 불안정의 씨앗을 남겼다.

이러한 분열의 유산을 극복하기 위해, 독립 이후 아프리카의 신생국들은 이질적인 민족 집단을 통합하는 국가 정체성을 구축해야 했다. 이를 위해 공용어 지정, 교육 통합, 국기와 국가 제정 등의 상징적인 통합 전략을 활용했으며, 민족 간 화합을 위한 정치적 제도들도 도입되었다. 예컨대 탄자니아는 스와힐리어를 공용어로 채택해 언어 장벽을 줄이고 민족 통합을 도모했으며, 가나의 콰메 은크루마는 범아프리카주의를 통해 민족을 초월한 정체성을 강조함으로써 국민 통합을 시도했다.

하지만 이러한 전략이 모든 국가에서 효과를 거둔 것은 아니었다. 나이지리아에서는 하우사-풀라니, 요루바, 이보 등 주요 민족 간 권력 분점 경쟁이 격화되었고, 결국 이러한 민족 간의 갈등은 1967년 비아프라 전쟁(Biafra War)이라는 내전으로 폭발하게 되었다. 나이지리아 남동부 지역에 주로 거주하던 이보(Igbo) 민족은 중앙정부로부터의 차별과 정치적 배제, 경제적 소외에 대한 불만이 쌓이면서 분리 독립을 선언했고, '비아프라 공화국'이라는 독립 국가를 세웠다. 이에 나이지리아 연방 정부는 군사적 진압에 나섰고, 약 3년에 걸친 내전 끝에 100만 명이상이 사망하는 비극이 벌어졌다. 이 전쟁은 민족 갈등이 단순한 정치적 마찰을 넘어서 국가 분열과 대규모 인도적 재앙으로까지 이어질 수 있음을 보여 준 대표적인 사례였다.

이러한 갈등을 예방하고 통합을 이루기 위해 몇몇 국가는 민족 정당의 설립을 금지하거나, 하나의 정당만을 허용하는 일당제를 도입했다. 이는 겉으로는 국가 통합을 위한 조치처럼 보였지만, 실제로는 정치적 경쟁을 제한하고 반대 의견을 억누르며 권력을 집중시키는 수단으로 악용되기도 했다.

민족 정체성은 때로는 국가 통합을 위한 중요한 자산이 되지만, 반대로 분열과 갈등의 원인이 되기도 한다. 예를 들어, 탄자니아의 초대 대통령 줄리어스 니에레레는 '우자마(Ujamaa)'*라는 공동체 중심의 아프리카식 사회주의를 통해 민족 간 평등과 협력을 강조했다. 그는 다양한 민족이 공존하는 탄자니아에서 통합된 국민 정체성을 구축하기 위해 스와힐리어**를 공용어로 채택하고, 교육 제도를 통합하는 등의 정책을 펼쳤다. 이러한 노력은 비교적 안정적인 민족 관계를 유지하는 데 긍정적인 효과를 주었으며, 오늘날까지도 탄자니아는 민족 갈등이 적은 국가

---

* 스와힐리어로 '형제애', '가족' 또는 '공동체 정신'을 뜻하는 말로, 아프리카식 사회주의 이념의 핵심 개념.
** 탄자니아, 케냐 등 동부 및 중부 아프리카 여러 국가에서 사용되는 언어로 아프리카연합(AU), 동아프리카공동체(EAC) 등에서도 공식어로 채택.

아프리카, 세계를 다시 그리는 대륙

로 평가받는다.

그러나 모든 국가가 이처럼 성공적인 통합을 이룬 것은 아니었다. 르완다와 부룬디에서는 투치족과 후투족 사이의 뿌리 깊은 긴장이 정치적 갈등과 권력 투쟁으로 비화되었다. 식민 시기, 벨기에 식민 당국은 전체 인구에서 소수에 불과한 투치족을 상층 계급으로 우대하고, 반면 다수인 후투족은 하위 계급으로 분류함으로써 두 민족 간의 분열을 제도화했다. 이는 식민 통치를 용이하게 하기 위한 '분할 통치(divide and rule)' 전략의 일환으로, 특정 집단에 권력을 집중시켜 다른 집단을 견제하게 함으로써 식민 지배를 지속하려는 의도가 담겨 있었다.

이러한 차별 구조는 독립 이후 권력 역전을 야기했고, 후투족이 정치권력을 장악하면서 양측의 갈등은 더욱 심화되었다. 특히 르완다에서는 1994년 후투족 극단주의 세력이 집권한 가운데 약 100일 동안 80만 명 이상의 투치족과 온건한 후투족이 조직적으로 학살당하는 비극이 발생했다. 이 참혹한 사건은 국제 사회에 '집단 학살(genocide)'의 대표 사례로 기록되었으며, 민족 정체성의 왜곡된 정치화가 얼마나 위험한 결과를 초래할 수 있는지를 여실히 보여 주었다.

이처럼 민족 정체성은 다루는 방식에 따라 통합의 기초가 될 수도, 갈등과 폭력의 원인이 될 수도 있다. 따라서 민족 정체성을 억누르거나 획일화하는 방식보다는, 다양성을 인정하고 포용하는 접근이 보다 지속 가능한 통합의 길임을 보여 준다.

오늘날 아프리카에서는 민족 정체성을 국가 통합의 장애물이 아닌 자산으로 인식하려는 시도가 확대되고 있다. 주요 민족 언어를 교육과 행정에 포함시키려는 정책, 권력 분점을 위한 연립 정부 구성, 지방자치 확대와 같은 전략은 모두 다양한 집단이 국가 운영에 참여할 수 있도록 유도하고 있다. 특히 지역 공동체의 자율성을 보장하면서도 국가 전체의 통합을 꾀하는 방식은 민족 갈등을 줄이는 데 기여하고 있다.

제4장

하나의 아프리카를 향한 꿈

범아프리카주의의 이상과 현실

범아프리카주의(Pan-Africanism)는 아프리카 대륙과 전 세계에 흩어진 디아스포라 공동체 간의 정치적, 문화적 연대를 지향하는 이념적 흐름이다. 이 사상은 아프리카 민족주의와 독립운동의 정신적 토대가 되었으며, 탈식민화 이후에는 국가 간 협력과 대륙 통합을 위한 이상적 비전으로 발전해 왔다. 21세기에 들어서도 이 이념은 아프리카자유무역지대(AfCFTA)*의 출범, 아프리카연합(AU)의 외교력 강화, 디지털 통합 시도 등을 통해 다시금 주목받고 있다.

---

* 아프리카 국가들 간의 무역 장벽을 낮추고, 대륙 내 자유무역을 촉진하기 위해 설립된 무역 협정

범아프리카주의는 처음부터 아프리카 대륙에서 시작된 사상이 아니었다. 그 기원은 유럽과 아메리카에 거주하던 흑인 지식인들의 지적 담론에 있었다. 19세기 후반, 노예무역의 상처와 인종 차별, 식민주의 억압에 맞서 흑인의 자존과 단결을 외친 이 사상은, 윌리엄 듀보이스와 마커스 가비와 같은 인물들에 의해 체계화되었다. 이들은 흑인의 정체성과 아프리카로의 귀환, 인종 간 평등을 강조하며 범아프리카주의의 이념적 기초를 쌓았다.

이러한 흐름은 아프리카 대륙으로 확산되어 독립운동과 민족주의의 강력한 동력이 되었다. 특히 1945년 영국 맨체스터에서 열린 제5차 범아프리카 회의는 대륙과 디아스포라 출신 지도자들이 함께 모여 식민지 해방을 외친 역사적 계기로 평가된다. 이 회의에 참가한 콰메 은크루마는 이후 "하나의 아프리카, 하나의 민족"을 외치며 정치적 통합의 필요성을 강하게 주장했다.

1963년 아프리카통일기구(OAU)가 출범하면서 범아프리카주의는 제도화의 첫걸음을 내디뎠다. 이는 아프리카 국가들 간의 연대를 공식화하려는 시도였지만, 각국의 주권과 내정 불간섭 원칙을 존중하는 구조였기 때문에 실질적인 통합보다는 협의체 수준에 머무를 수밖에 없었다. 당시 아프리카는 내전, 쿠데타, 독재 정권의 확산으로 불안정했으나 OAU는 이러한 위기에 적극적으로 개입할 수 있는 능력을 갖추지 못했다.

2002년, 이러한 제도적 한계를 극복하고자 아프리카연합(AU)이 새롭게 창설되었다. AU는 평화안보이사회(PSC)를 통해 분쟁에 개입할 권한을 확보했으며, 범아프리카 의회, 아프리카 인권법원, 아프리카개발기구(NEPAD) 등의 조직을 통해 보다 구체적인 통합 거버넌스를 구축하고자 했다. 또한 2013년 아프리카연합(AU)은 향후 50년간 아프리카의 정치·경제·문화 통합을 이루기 위한 장기 발전 계획인 '아젠다 2063(Agenda 2063)'을 회원국 간 합의로 채택했다. 이 계획은 아프리카의 미래를 함께 설계하고 발전시켜 나가려는 공동의 비전으로 평가받고 있다. 하지만 현재까지도 아프리카연합은 재정 자립이 부족하고, 많은 회원국들이 적극적으로 참여하지 않으며, 정책을 실제로 실행하는 힘도 약해 이러한 통합 계획의 효과에는 한계가 있다는 지적이 계속되고 있다.

범아프리카주의가 가장 실질적으로 구현된 사례는 2018년 출범한 아프리카자유무역지대(AfCFTA)이다. 54개국이 참여한 이 협정은 참여국 수 기준, 세계 최대 규모의 자유무역지대로, 아프리카 내부 교역 확대와 산업화 촉진, 대륙 간 공급망 구축을 목표로 한다. 무역 및 비관세 장벽을 제거해 단일 시장을 조성하고, 원자재 수출 중심의 구조에서 제조업 및 디지털 산업 중심의 경제 체제로 전환하려는 움직임을 담고 있다.

하지만 현실은 녹록지 않다. 각국의 산업 수준, 물류 기반 시설, 규제 격차, 그리고 정치적 불안정성과 국경 분쟁은 실질적인 통합을 가로막는 요인으로 작용하고 있다. 그럼에도 AfCFTA는 범아프리카 경제 통합이 이상에서 실천으로 나아가고 있다는 점에서 중요한 전환점으로 평가된다.

범아프리카주의는 단지 정치와 경제의 통합을 넘어, 아프리카인의 정체성과 자긍심을 회복하는 문화적 과제를 함께 추구한다. 서구 중심의 가치 체계에서 벗어나려는 노력은 언어, 역사, 전통에 대한 복원과 재해석의 형태로 나타났고, 범아프리카 영화제(FESPACO)나 아프리카 패션위크는 문화적 연대를 실현하는 대표적 무대로 기능하고 있다. 스와힐리어를 범지역 공용어로 채택하려는 논의 역시 문화 통합의 새로운 가능성을 열고 있다.

그러나 여전히 언어, 종교, 민족 구성이 매우 이질적인 현실, 외부 문화 콘텐츠에 대한 의존도, 국가 간 문화 정책의 격차 등은 문화 통합을 어렵게 만들고 있으며, 현재까지는 일부 제한된 실험 수준에 머무르고 있다.

아프리카, 세계를 다시 그리는 대륙

이러한 현실 속에서, 범아프리카주의는 아프리카 대륙의 통합이라는 이상을 상징하지만, 그것이 실현되기 위해서는 여러 제약을 극복해야 한다. 개별 국가의 정치적 불안정성과 독재 체제, 잦은 정권 교체는 통합의 지속성을 위협하고 있으며, AU의 재정 자립 부족과 정책 집행력의 약화는 실질적 실행력을 떨어뜨린다. 또한, 동아프리카공동체(EAC)*, 서아프리카경제공동체(ECOWAS) 등 지역 기구와 AU 간 역할의 중첩은 정책 일관성을 저해하는 요소로 작용하고 있다.

이러한 한계 속에서도 청년 세대의 디지털 참여는 새로운 가능성을 열어 가고 있다. SNS, 온라인 플랫폼, 디지털 교육을 통한 초국가적 교류는 청년 주도의 범아프리카 정체성을 형성할 수 있는 기반이 되고 있으며, 이는 기존의 전통적인 방식과는 다른 형태의 통합을 가능하게 하는 열쇠가 될 수 있다.

범아프리카주의는 아프리카 민족 해방의 이념에서 출발하여, 대륙 통합과 공동 번영이라는 현실적 비전으로 나아가고 있다. 정치적 통합은 아직 요원하지만, 경제 협력과 문화 자각을 통해 아프리카는 그 이상에 한 걸음씩 다가가고 있다.

---

* 케냐, 우간다, 탄자니아, 르완다, 부룬디, 남수단, 콩고민주공화국, 소말리아 등 동아프리카 지역의 경제 통합과 정치적 협력을 목적으로 설립된 지역 연합체.

세계화 시대, 아프리카는 어떻게 변하고 있는가?

기회와 갈등 속에 선
대륙의 현재

제1장
세계화와 신자유주의 시대의 아프리카
기회의 대륙인가, 선택의 대륙인가

20세기 후반에서 21세기 초, 세계는 자본, 정보, 인재, 문화가 국경을 넘어 이동하는 '세계화'의 물결 속으로 빠르게 편입되었다. 아프리카 역시 이 흐름에서 예외가 아니었다. 오히려 전략적 자원, 풍부한 인구, 시장 잠재력, 지정학적 위치 등의 이유로 아프리카는 세계화와 신자유주의 질서가 실험된 공간이자, 가장 취약한 고리로 인식되었다. 그 결과 아프리카는 새로운 기회를 맞이하는 동시에, 복합적인 도전에 직면하게 되었다.

1970년대 말부터 1980년대 초까지 세계는 두 차례의 오일쇼크와 금융 위기를 겪으며 심각한 경제 불안정에 빠졌다. 특히 1980년대 초 미국의 금리 급등과 전 세계적인 수출 감소는 많은 개발도상국에 외채 문제를 초래했고, 아프리카 국가들도 채무 불이행(디폴트)의 위기에 직면하게 되었다.

이러한 상황에서 국제통화기금(IMF)과 세계은행(World Bank)은 긴급 재정 지원을 조건으로 구조조정 프로그램(Structural Adjustment Programs, SAPs)*을 도입했다. 아프리카 국가들은 이 프로그램을 수용하며 세계 자본주의 경제 질서에 본격적으로 편입되었고, 시장 중심의 경제 시스템 도입, 국영기업의 민영화, 무역 자유화, 외국인 투자 유치 등을 핵심 개혁 과제로 요구받았다. 그러나 이러한 조치는 공공 서비스의 축소와 사회 안전망의 붕괴라는 부작용을 낳았다.

보건, 교육, 식량 보조와 같은 기본 복지 지출이 급격히 줄면서 서민과 빈곤층의 삶은 더욱 불안정해졌고, 사회적 불평등은 빠르게 심화되었다. 예를 들어, 일부 국가에서는 외국인 직접투자(FDI)의 유입과 금융 시스템의 현대화를 통해 일자리가 창출되었지만, 이러한 혜택은 대체로 도시 지역과 고소득층에 집중되었고 농촌과 저소득층은 오히려 소외되었다. 특히 농업 보조금의 삭감은 식량 자급 능력을 약화시켰고, 외부 주도의 개발

---

* 1980~1990년대에 세계은행과 국제통화기금이 주도하여, 주로 개발도상국에 재정 지원을 제공하는 조건으로 시행된 경제 개혁 프로그램.

아프리카, 세계를 다시 그리는 대륙

정책은 국가의 자립 기반을 훼손하는 결과를 초래했다.

국가의 복지 기능이 축소되자, 그 공백을 메우기 위해 NGO와 민간 부문이 부상했다. 이 과정에서 NGO들이 보건, 교육, 긴급 구호 등 다양한 분야에서 활동했지만, 이들의 접근은 대부분 단기 프로젝트 중심에 머물렀고, 종종 장기적인 국가 발전 전략과 충돌하기도 했다. 어떤 NGO는 서방 외교 정책의 도구로 활용되며, 국가의 정책적 자율성과 자기결정권을 약화시키는 요인으로 작용하기도 했다. 결국 NGO 중심의 개발 방식은 부족한 공공 서비스를 어느 정도 대신해 주었지만, 오히려 국가가 스스로 기능을 회복하고 책임을 수행하는 데 걸림돌이 되기도 했다.

한편, 세계화는 일부 대도시에서 금융, IT, 통신 산업의 성장과 함께 신흥 중산층의 형성을 이끌었다. 나이로비, 라고스, 요하네스버그 등지에서는 새로운 일자리와 소비문화가 등장했고, 다국적 기업과 연결된 산업 구조가 형성되었다. 하지만 이러한 변화는 대다수 시민들에게 실질적 혜택이 돌아가지 않았으며, 도시와 농촌 간, 상류층과 하위 계층 간의 격차는 오히려 더 커졌다.

청년 실업률은 여전히 높았고, 도시 주변에는 비공식 정착촌이 확산되었으며, 누적된 사회 불만은 정치적 불안정으로 이어졌다. 세계화는 분명히 새로운 기회를 제공했지만, 이 기회는 준비된 소수에게만 열려 있었고, 다수에게는 오히려 새로운 위기로 다가왔다.

문화 영역에서도 세계화는 아프리카 사회에 강한 충격을 주었다. 위성방송, 인터넷, 소셜미디어를 통해 서구 중심의 소비문화가 빠르게 확산되었고, 이는 청년층의 가치관 변화와 전통 공동체 문화와의 충돌을 불러왔다. 그러나 이러한 문화적 침투는 반작용도 일으켰다. 범아프리카주의의 재부상, 전통문화 재발견, 문화적 자긍심 회복 운동 등이 이어지며 아프리카 고유의 정체성을 되찾으려는 움직임이 활발하게 전개되었다. 이러한 흐름은 문화적 자율성의 확대와 비판적 의식의 성장을 이끌어내고 있다.

아프리카는 세계화와 신자유주의라는 외부 흐름에 단순히 휘말린 피해자도, 일방적으로 혜택을 받은 수혜자도 아니었다. 각 국은 고유한 방식으로 세계화에 대응했고, 일부 국가는 성장의 기회를 포착했지만, 다수는 기존의 구조적 불균형과 내부의 제도적 취약성이 오히려 심화되었다.

이제 아프리카는 '기회의 대륙'이라는 외부의 수사에서 벗어나, 외부의 논리가 아닌 자신들의 조건과 필요에 기반한 발전 전략을 스스로 설계해야 한다. 아프리카는 더 이상 외부 강대국 이나 국제기구의 이해관계에 따라 수동적으로 끌려가는 대상이 아니라, 자신의 미래를 능동적으로 선택하고 결정할 수 있는 주 체로 자리매김해야 한다. 바로 이러한 맥락에서 아프리카가 타 자의 시선이 아닌 스스로의 비전과 기준으로 미래를 결정하는 '선택의 대륙'으로 자리 잡아야 한다.

제2장

중국과 아프리카

협력인가 신(新)식민인가?

21세기에 들어서며 아프리카와 중국 간의 관계는 정치, 경제, 문화 전반에 걸쳐 빠르게 확대되었다. 단순한 무역과 투자를 넘어, 양측은 '전략적 파트너십'이라는 이름 아래 긴밀한 협력 체계를 구축해 나갔다. 특히 중국은 미국과 유럽을 넘어서는 영향력을 발휘하며 아프리카 개발의 핵심 동반자로 부상했다. 그러나 이 협력이 항상 긍정적인 결과만을 낳은 것은 아니며, 새로운 형태의 종속 관계에 대한 우려도 함께 커지고 있다.

중국은 서구 국가들과 달리 인권이나 민주주의와 같은 조건을 앞세우지 않고, '내정 불간섭'을 원칙으로 아프리카와의 협력을 추진해 왔다. 이러한 접근은 국제사회의 비판을 받던 일부 아프리카 정권에 매력적인 대안으로 작용했다. 중국 정부의 빠른 협상과 실행력은 실용적 장점으로 평가받았고, 이를 제도화하기 위해 2000년 '중국-아프리카 협력포럼(FOCAC)'*이 출범하면서 양측 관계는 보다 체계화되었다.

중국은 아프리카의 도로, 철도, 항만, 통신망 등 주요 기반 시설에 대규모 투자를 진행하며, 그 대가로 석유, 광물, 농산물 등 자원과 원자재를 확보하는 '자원-기반 시설 맞교환' 방식을 채택했다. 표면적으로는 상호 이익을 추구하는 전략처럼 보였지만, 실제로는 투명성 부족, 부패와의 연계, 과도한 부채 부담 등 구조적 한계를 드러냈다. 또한 많은 중국 기업들은 자재와 인력을 본국에서 조달해 사업을 운영하면서, 현지 고용 창출이나 기술 이전 효과는 매우 제한적이었다.

이에 더해, 중국산 제품의 대량 유입은 아프리카의 전통적인 중소상공업에 타격을 주었고, 일부 중국 기업들은 열악한 근로 조건 속에서 사업을 운영하며 노동 착취 논란을 빚었다. 특히 '턴키 프로젝트(Turn-key project)'**와 같은 일괄 수주 방식은 아

---

* 중국과 아프리카 국가들 간의 상호 이익을 기반으로 한 다자기구로, 2000년 베이징에서 처음 개최된 후 3년마다 개최되는 회의.
** 발주자가 요구하는 시설이나 설비를 '완전히 사용할 수 있는 상태로' 건설·설계하여 인도하는 프로젝트 방식.

프리카 측 산업 역량의 축적을 방해하고, 기술 이전의 기회를 차단하는 결과를 초래했다. 이는 노동시장 내 불균형을 심화시키고, 사회적 갈등을 유발하는 요인으로 작용했다.

경제 협력을 넘어 정치와 안보 영역에서도 중국의 영향력은 확대되고 있다. 에티오피아 아디스아바바에 아프리카연합(AU) 본부 건물을 건립하고, 통신 기반 시설과 정보 시스템을 구축하는 과정에서 중국은 아프리카 내 정치적 입지를 넓혀 갔다. 더 나아가 2017년 지부티(Djibouti)에 자체 군사기지를 설치하고 평화유지군을 파견하는 등 안보 분야에서도 진출을 본격화하며, 아프리카 주권에 대한 외부 간섭 우려를 낳고 있다.

지부티 중국 군사기지 - 출처: AFP연합뉴스

그럼에도 중국과의 협력은 아프리카 국가들이 오랫동안 해결하지 못했던 기반 시설 부족 문제를 단기간에 해결하는 데 기여했다. 특히, 서구 국가들과는 달리 중국은 '내정 불간섭'을 원칙으로 신속한 자금 지원과 사업 실행을 가능하게 했다. 하지만 문제는 협력의 내용과 방식에 있다. 중국은 자국 기업과 인력을 동원해 기반 시설 사업을 수행하는 경우가 많고, 아프리카 현지 고용이나 기술 이전은 제한적인 수준에 머물렀다. 게다가 기반 시설 개발에 투입된 대규모 자금은 '차관(대출)' 형태로 제공되었기 때문에, 부채가 누적되고 있는 국가가 많다. 예컨대 잠비아는 국가 주요 기반 시설을 담보로 중국과의 채무 관계를 맺었다가, 공항 운영권을 상실할 위기에 처한 사례가 대표적이다.

이처럼 중국과의 협력이 단기간의 성과에도 불구하고, 투명성 부족, 부채 증가, 기술 자립의 한계 등으로 인해 일방적 의존이 지속되면 장기적으로는 외교적 자율성까지 위협하는 '새로운 종속' 구조로 고착될 우려가 있다.

이에 따라 아프리카의 일부 국가는 특정 국가에 대한 의존을 줄이고 외교적 자율성을 확보하기 위해 다자외교를 적극적으로 강화하고 있다. 한국, 일본, 인도 등 다양한 외부 파트너와의 협력을 병행함으로써 외교적 균형을 모색하고 있으며, 동시에 아프리카연합(AU), 아프리카자유무역지대(AfCFTA)와 같은 역내 협력체제를 통해 보다 자립적인 성장 모델을 구축하려는 노력도 계속되고 있다.

시민사회 역시 중요한 견제 역할을 수행하고 있다. NGO, 학계, 언론은 중국 주도의 개발 프로젝트에 대해 투명성과 책임성을 요구하며, 인권 감시 활동을 강화하고 있다. 이러한 비판적 감시는 아프리카 국가들이 외부 국가에 일방적으로 의존하지 않고, 자율적 협력을 모색하는 데 중요한 역할을 하고 있다.

중국은 아프리카에 실질적인 개발 기회를 제공해 왔다. 빠른 기반 시설 건설과 재정 지원은 그간 누적된 개발 격차를 메우는 데 기여했으며, 외교 다변화에도 긍정적인 영향을 미쳤다. 그러나 그 이면에는 경제적 종속과 정치적 영향력 확대에 대한 우려가 공존한다. 아프리카가 외부 강대국에 다시금 의존하는 구조로 회귀하지 않기 위해서는, 단순한 수용이 아닌 전략적 선택으로 협력 관계를 전환해야 한다.

오늘날 아프리카는 더 이상 수동적인 원조의 수혜자가 아니다. 정치적 자율성과 시민사회의 역량을 바탕으로, 중국과의 관계 역시 일방적 수용이 아닌 '자주적 협력'의 틀 안에서 주체적으로 재정립되어야 한다. 이는 단순한 기반 시설 제공이나 자금 지원 이상의 의미를 지니며, 아프리카 각국이 자국의 이익과 발전 전략에 부합하는 방향으로 협력을 설계해야 한다는 뜻이다. 그것이야말로 진정한 의미의 파트너십이며, 아프리카가 지속 가능하고 자율적인 미래를 스스로 구축할 수 있는 길이 될 것이다.

아프리카, 세계를 다시 그리는 대륙

제3장
세계화와 정체성
전통과 현대의 충돌과 조화

21세기에 들어서며 아프리카는 단순히 경제 구조만이 아니라, 사회와 문화 전반에서 폭넓은 전환을 겪고 있다. 자본과 기술, 정보는 물론 이미지, 가치, 언어, 감성까지 국경을 넘어 확산되면서, 아프리카 사회 내부에서는 전통과 현대, 지역성과 세계성이 충돌하고 융합하는 복합적인 변화의 과정이 전개되고 있다. 그 중심에는 바로 '아프리카인의 정체성'이라는 근본적인 물음이 자리하고 있다.

세계화는 무엇보다 아프리카 청년층의 삶과 가치관에 강한 영향을 미쳤다. 인터넷과 스마트폰의 확산, 소셜미디어의 일상화는 아프리카 청년들을 세계와 실시간으로 연결시켰고, 이는 서구 중심의 소비문화와 생활 방식을 빠르게 받아들이는 통로가 되었다. 도시 청년들 사이에서는 나이키 로고가 새겨진 운동화, 미국 힙합과 한국 케이팝, 영국식 영어 발음뿐 아니라 틱톡 챌린지, 아프로비트 패션, BTS와 같은 글로벌 스타들이 새로운 사회적 상징으로 자리 잡고 있다.

이러한 변화는 전통적인 공동체 중심의 문화와 뚜렷한 충돌을 일으켰다. 가족이나 공동체보다 개인의 선택과 개성을 중시하는 문화가 부상하고, 전통 의례나 가치는 낡고 비효율적인 것으로 여겨지며, 공동체에서 형성되던 소속감은 디지털 네트워크로 대체되고 있다. 그러나 이러한 흐름은 단순한 서구화가 아니라, 아프리카 청년들이 자신들의 정체성을 새롭게 재구성해 가는 과정이기도 하다.

세계화는 문화의 획일화를 가져오기도 하지만, 동시에 문화의 혼성화(hybridization)를 가속화하고 있다. 특히 도시 청년 세대 사이에서는 전통과 현대를 결합한 창조적 융합이 활발하게 나타난다. 전통 악기와 현대 음악 장르의 결합, 전통 의복의 현대적 재해석, 다양한 언어가 뒤섞인 의사소통 방식 등이 그 대표적인 사례.

아프리카, 세계를 다시 그리는 대륙

나이로비의 청년들은 스와힐리어와 영어, 셰나어*를 혼용해 대화하고, 라고스의 거리에서는 힙합 리듬 위에 요루바 타악기가 얹히며, 요하네스버그의 클럽에서는 줄루 문양**이 새겨진 스트리트 패션이 유행한다. 이와 같은 창조적 문화 융합은 단순한 외래문화의 모방을 넘어서, 아프리카 내부의 자긍심과 정체성을 새롭게 표현하는 시도로 볼 수 있다.

　이러한 변화 속에서도 아프리카 사회는 전통문화를 되살리려는 다양한 시도를 이어 가고 있다. 스와힐리어, 아칸어***, 줄루어 등 토착 언어를 교육과 행정에 복원하려는 정책, 조상 숭배와 공동체 의례의 재조명, 민속예술과 구술 전통의 보존 노력 등이 활발하다. 이는 단순히 과거를 회상하는 것이 아니라, 식민주의와 서구 중심 세계관에서 벗어나려는 문화적 해방의 과정으로 이해된다.

　특히 아프리카 철학에서 강조하는 공동체주의와 자연과의 조화는 오늘날 환경 위기와 개인주의적 자본주의에 대한 대안적 가치로 재조명되고 있다.

---

* 　아프리카 남부의 짐바브웨에서 가장 널리 사용되는 반투계(Bantu) 언어 중 하나.
** 　남아프리카공화국의 줄루(Zulu) 민족이 오랜 세월 동안 발전시켜 온 전통적인 장식 문양.
*** 　서아프리카의 가나와 코트디부아르 일부 지역에서 사용되는 니제르-콩고어족에 속하는 언어.

한편, 디지털 기술은 전통적 공동체 구조를 해체하는 동시에, 새로운 형태의 공동체를 만들어 내고 있다. 아프리카 청년들은 유튜브, 인스타그램, 틱톡을 통해 자신들의 문화를 세계에 소개하고, 디아스포라와 연결되는 새로운 연대의 장을 만들어 가고 있다. 이는 디지털 시대의 범아프리카주의 확장으로도 볼 수 있으며, 민족국가의 경계를 넘어 아프리카인의 연대와 정체성을 강화하는 새로운 가능성의 공간이 되고 있다.

이러한 문화적 전환 속에서 국가의 역할도 더욱 중요해지고 있다. 토착 언어와 전통문화를 교육 제도에 통합하고, 지역 정체성을 존중하는 문화 정책을 수립하며, 창조 산업을 적극적으로 지원하는 것은 아프리카가 정체성을 지키면서도 세계화에 능동적으로 대응할 수 있는 핵심 전략이 되고 있다. 문화는 이제 단순한 전통의 보존이 아니라, 정체성과 미래를 설계하는 정치적이고 경제적인 중요한 자원으로 부상하고 있다.

세계화는 아프리카 사회에 정체성이라는 깊은 질문을 던졌고, 아프리카는 그 질문에 창의적으로 응답하고 있다. 그것은 전통을 버리는 것도, 서구 문화를 그대로 수용하는 것도 아니다. 아프리카는 전통을 재해석하고, 현대와 창조적으로 결합하면서 스스로의 문화를 새롭게 만들어 가고 있다.

전통과 현대, 지역성과 세계성의 균형은 결코 쉽지 않지만, 바로 그 긴장과 조화 속에 아프리카 정체성의 새로운 가능성이 열리고 있다. 그리고 그 가능성은 21세기 아프리카가 마주한 가장 창조적이고도 도전적인 과제가 되고 있다.

제4장
전략적 부상
주변부에서 세계의 중심으로

21세기에 접어들며 아프리카는 더 이상 '빈곤과 갈등의 대륙'이라는 고정된 이미지를 벗고, 세계 정치와 경제 질서 속에서 점점 더 중요한 전략적 지위를 확보하고 있다. 미국과 중국의 패권 경쟁, 유럽의 외교 재편, 글로벌 공급망 재구성, 기후 위기와 에너지 전환 가속화 등 국제 질서가 요동치는 가운데, 아프리카는 단순한 자원 공급처를 넘어 외교, 안보, 경제, 기술이 교차하는 중심지로 부상하고 있다.

이러한 변화는 단지 외부의 필요 때문만은 아니다. 방대한 인구와 자원, 지정학적 이점, 디지털 도약 가능성, 그리고 역동적인 문화 기반을 갖춘 아프리카는 더 이상 수동적인 수혜자가 아

아프리카, 세계를 다시 그리는 대륙

닌 능동적 행위자로 세계 무대에 등장하고 있다.

중국은 '일대일로(Belt and Road Initiative, BRI)'* 구상에 아프리카를 포함시키며, 기반 시설 투자와 자원 확보를 넘어 정치·군사적 영향력까지 확대하고 있다. 미국은 민주주의와 인권을 중심에 둔 전략을 통해 중국·러시아의 영향력 확대를 견제하며, 안보 협약과 기술 협력을 통해 새로운 동맹 구도를 구축하고 있다. 러시아는 군사 협정과 용병 파견을 통해 전통적인 영향력 회복을 꾀하고 있으며, 유럽연합은 이민, 에너지, 기후변화 등 복합 이슈에 대응하기 위한 전략적 파트너십을 모색하고 있다. 이처럼 아프리카는 이제 강대국 외교 전략의 핵심 무대로 떠오르고 있다.

이러한 지정학적 경쟁과 더불어, 기후 위기 대응과 에너지 전환이 가속화되면서, 아프리카는 리튬, 코발트, 희토류 등 이차전지 및 재생에너지 핵심 광물 자원의 보고로서 주목받고 있다. 콩고민주공화국은 전 세계 코발트의 70% 이상을 공급하고, 남아공은 백금과 희토류, 그리고 모잠비크, 나이지리아, 탄자니아는 천연가스를 바탕으로 새로운 에너지 거점으로 부상하고 있

---

* 중국의 대외경제 및 외교 전략으로 아시아, 유럽, 아프리카를 연결하는 대규모 인프라 개발과 경제 협력을 통해 새로운 글로벌 경제 네트워크를 구축하려는 계획.

다. 이러한 자원은 글로벌 공급망 안정화와 에너지 안보의 핵심
축이 되고 있다.

아프리카 국가별 자원 현황 - 출처: EIU

국제 정치 무대에서의 영향력도 커지고 있다. 유엔 총 회원국
중 54개국이 아프리카 국가이며, 유엔 안보리 비상임이사국에
도 지속적으로 참여하고 있다. 특히 아프리카연합(AU)의 G20
정식 회원국 편입은 아프리카가 이제 세계 질서를 단순히 따라

아프리카, 세계를 다시 그리는 대륙

가는 수혜자가 아니라, 그 질서를 공동 설계하는 주체로 전환되고 있음을 보여 준다.

뿐만 아니라, 기술 분야에서도 아프리카는 눈에 띄는 도약을 이루고 있다. 대륙 전체의 모바일 보급률은 70%를 넘어섰고, M-Pesa*를 비롯한 모바일 금융, 전자정부 시스템, 원격의료 서비스는 아프리카 사회의 일상적 변화를 이끌고 있다. 2023년 기준, 아프리카 스타트업에 대한 투자액은 38억 달러로 집계되며, 이는 아프리카가 기술과 창의성을 기반으로 한 미래 산업의 새로운 중심지로 부상하고 있음을 시사한다.

아프리카의 전략적 가치는 자원에만 국한되지 않는다. 외교적으로는 한국을 포함한 중견국들이 아프리카와의 협력을 통해 외교 다변화를 모색하고 있으며, 기후, 안보, 개발 협력 등 글로벌 의제에서 아프리카와의 공조가 강화되고 있다. 특히 사헬 지대와 같은 불안정 지역은 국제 테러와 초국가적 범죄의 온상으로 떠오르며, 국제사회가 주목하는 안보 이슈로 부상하고 있다. 인구 측면에서도 아프리카는 2050년까지 전 세계 인구의 4분의 1을 차지할 것으로 전망되며, 이는 노동력과 소비 시장 측면

---

* 케냐에서 시작된 모바일 기반의 금융 서비스로, 휴대전화를 통해 송금, 결제, 저축, 대출 등을 할 수 있게 해 주는 시스템.

에서 막대한 잠재력을 의미한다.

　이제 아프리카는 더 이상 국제사회의 주변부에 머무는 대륙이 아니다. 다극화되는 세계 질서 속에서 아프리카는 자원, 인구, 기술, 외교적 파트너십의 요충지로 부상하고 있다. 각국의 외교 전략과 경제적 활로는 아프리카를 어떻게 이해하고 그들과 협력하느냐에 따라 결정될 것이다.

　'기회의 대륙'이라는 표현도 이제 다시 정의되어야 한다. 아프리카를 단순한 원조의 대상으로 보는 관점에서 벗어나, 지속 가능한 미래를 함께 설계할 전략적 파트너로 인식할 때 우리는 진정한 의미의 국제 협력을 이룰 수 있을 것이다. 21세기의 아프리카는 단지 변방에 머물지 않고, 세계 질서를 새롭게 그려 가는 중심에 서 있다.

　　　　　　　　　　　　　　　　　아프리카, 세계를 다시 그리는 대륙

진정한 발전은 어디서 시작되는가?

외부 지원에서
내부 성찰로의 전환

제1장

개발 협력의 이면

도움인가 간섭인가

수십 년 동안 국제사회는 아프리카 개발을 위해 막대한 자금과 인력을 투입해 왔다. 그러나 그 결과는 기대에 미치지 못했으며, 많은 이들이 '왜 아프리카의 개발은 실패했는가'라는 근본적인 질문을 던지고 있다. 이는 단지 원조의 양이 부족했기 때문이 아니라, 개발의 철학과 방식, 그리고 수원국 내부의 정치·사회 구조에 대한 이해가 부족했기 때문이라는 지적이 설득력을 얻고 있다.

아프리카를 대상으로 한 수많은 개발 협력 사업들은 종종 외부의 기준과 논리에 따라 설계되었고, 지역 주민의 실질적 필요와 삶의 조건은 충분히 반영되지 않았다. 예컨대 동아프리카의 한 농촌 마을에는 외국 원조로 최신 장비를 갖춘 보건소가 설치되었지만 정작 의료진도 배치되지 않았고 필수 약품 역시 공급되지 않아, 몇 달 만에 문을 닫고 물품 창고로 활용되는 상황에 이르렀다. 또 다른 예로, 서아프리카의 한 마을에는 대형 정수 시설이 들어섰지만 전기를 안정적으로 공급할 기반 시설이 구축되지 않아 시설 가동이 중단되었고, 유지보수를 담당할 기술 인력도 양성되지 않아 주민들은 여전히 오염된 우물에 의존해야 했다. 이러한 사례는 개발이란 '무엇을 주느냐'보다 '누구와 함께하느냐'가 더 중요하다는 사실을 여실히 보여 준다.

특히 1980년대 이후, 세계은행과 IMF가 주도한 구조조정 프로그램(SAPs)은 많은 아프리카 국가들에 긴축 재정, 국영기업의 민영화, 공공지출 축소 등을 일방적으로 요구했다. 그 결과 교육과 보건을 비롯한 필수 사회 서비스는 급격히 위축되었고, 오히려 빈곤과 불평등은 심화되었다. 이러한 정책은 단기적으로 재정 균형을 맞추는 데에는 일정한 효과를 보였지만, 장기적으로는 사회 전체의 자생적 역량을 약화시키고 국가의 공공 책임성을 훼손하는 결과를 낳았다.

또한 이러한 정책적 문제 외에도 원조는 단순한 지원이 아니라 정치적 목적에 따라 이용되기도 했다. 냉전 시기에는 민주주의나 인권보다는 어느 나라가 미국이나 소련 등 강대국 편에 서는지가 더 중요했다. 이에 따라 독재 정권이 국제 원조를 통해 권력을 유지하는 경우도 많았다. 오늘날에도 자원을 확보하거나, 테러 대응이나 불법 이민을 통제하려는 선진국의 전략이 원조 정책에 큰 영향을 미치고 있다. 이렇게 정치적 이해관계가 개입된 원조는 과연 그것이 진정한 개발을 위한 것인지에 대한 의문을 낳고 있으며, 그 정당성과 효과 모두에 대해 비판이 제기되고 있다.

그러나 문제는 외부의 책임에만 국한되지 않는다. 아프리카 내부에서도 정치 엘리트가 원조 자원을 권력 유지의 수단으로 삼거나, 부패한 행정 구조와 미성숙한 시민사회가 원조의 실질적 효과를 저해하는 사례가 빈번하다. 지도자의 개인적 이해관계가 국가 발전 전략보다 앞서는 현실은 정책의 방향성과 일관성을 약화시켰고, 합리적 외교보다는 개인적 이해나 정치적 감정이 앞서는 문화는 이웃 국가와의 협력, 나아가 국제사회와의 연대 가능성마저 좁혀 놓았다.

무엇보다도 개발 협력이 실패하는 가장 큰 원인 중 하나는 지역 주민의 참여가 배제되었다는 점이다. 외부 전문가 주도의 사업은 주민들에게 주인의식을 심어 주지 못했고, 사업 종료 이후에는 유지와 관리가 중단되는 경우가 많았다. 지속 가능한 개발은 지역 주민의 참여와 역량 강화를 중심에 둘 때에만 가능하며, 단기적인 자원 투입이 아니라 자립적 생태계를 조성하는 과정이 되어야 한다.

결국, 아프리카 개발의 실패는 외부의 간섭 또는 내부의 부패라는 단일 원인에서 비롯된 것이 아니다. 그것은 외부와 내부 사이에 존재하는 비대칭적 관계, 책임의 불균형, 그리고 주민 참여의 결핍에서 기인한다.

이러한 복합적 원인을 감안할 때, 오늘날의 개발 협력은 단기적인 성과가 아니라, 장기적인 제도 개선과 사회적 신뢰 회복이라는 관점에서 재설계되어야 한다. 정치적 자유와 교육 기회의 확대, 투명한 행정 시스템이 함께 작동할 때 외부의 지원도 실질적 효과를 발휘할 수 있다. 그리고 무엇보다 중요한 것은, 아프리카가 자신만의 길을 스스로 설계하고 선택할 수 있도록 국제사회가 '지원자'가 아닌 '동반자'로서의 태도를 갖추는 일이다. 그래야만 지속 가능하고 주체적인 아프리카의 미래가 가능해질 것이다.

아프리카, 세계를 다시 그리는 대륙

제2장

아프리카의 미래는 안에서 시작된다

리더십과 제도의 힘

아프리카 개발의 성공 여부는 더 이상 외부의 지원 규모나 국제사회의 선의에만 달려 있지 않다. 오히려 그 핵심은 내부에서 비롯되는 제도적 역량과 정치적 리더십의 책임에 있다. 지난 수십 년간 아프리카 대륙에는 막대한 외국 자금과 자원이 유입되었지만, 모든 국가가 같은 성과를 낸 것은 아니었다. 그차이는 자원의 유무나 지정학적 조건보다는, '국가를 어떻게 운영했는가'라는 내적인 선택과 리더십의 질이 중요한 요인으로 작용했다.

아프리카는 천연자원, 농업 기반, 젊은 인구 등 풍부한 잠재력을 지닌 대륙이다. 하지만 이러한 가능성은 제도의 부패, 행정의 비효율, 그리고 책임감 없는 리더십에 의해 가로막혀 왔다. 정치적 의지와 제도적 기반이 미비한 상황에서 외부 원조는 쉽게 낭비되거나, 정권 유지의 수단으로 전락했다. 나이지리아가 대표적 사례다. 석유 자원과 많은 인구라는 이점을 보유하고 있음에도, 정치적 비효율성과 리더십의 실패로 인해 공공 서비스와 기반 시설은 여전히 열악한 수준에 머물러 있다.

그러나 대조적으로, 보츠와나와 모리셔스는 다른 길을 걸어왔다. 이들 국가는 단순한 예외가 아니라, 아프리카 내부에서도 변화와 성장이 가능하다는 사실을 보여 주는 상징적 사례다. 보츠와나는 다이아몬드라는 천연자원을 기반으로, 투명한 자원 관리와 공공 재정 운영을 통해 '자원의 저주'를 극복한 대표 국가다. 정기적인 정권 교체, 법치주의, 언론 자유, 독립적인 사법 체계는 정치의 안정성과 민주주의의 기초를 견고히 다졌다. 이러한 제도적 기반은 곧 경제 성장으로 이어졌으며, 국제투명성기구(Transparency International) 등의 평가에서 가장 부패가 적은 아프리카 국가 중 하나로 꼽힌다.

모리셔스 역시 자원 없이 시작했지만, 경제 구조를 다변화하고 고등교육과 기술 산업, 관광, 금융을 중심으로 한 성장 전략을 성공적으로 추진했다. 다인종 사회에서의 통합 정책, 평화적인 정권 이양, 사법의 독립은 모리셔스를 아프리카에서 최상위

권의 국민소득과 인간개발지수를 기록하는 나라로 만들었다. 이처럼 정치적 포용성과 제도적 안정성은 자원 이상의 성장 동력임을 증명한다.

이러한 성공 사례들이 있음에도 불구하고, 아프리카 내부에서는 종종 이를 '특이한 예외'로 치부하며 충분히 참고하지 못하는 경우가 많다. 그러나 변화는 이미 아프리카 곳곳에서 시작되고 있다. 세네갈, 가나, 르완다, 나미비아 등은 부패 방지와 행정 개혁, 법치주의 강화에 나서며 의미 있는 성과를 축적해 가고 있다.

오늘날 아프리카의 미래는 외부에서 오는 것이 아니라, 내부에서 시작되어야 한다는 인식이 더욱 절실해지고 있다. 아무리 많은 원조가 주어지더라도, 그것이 부패한 정치 구조에 흡수되거나 시민의 삶과 동떨어진 방식으로 운영된다면 실질적 발전은 불가능하다. 반대로 자원이 부족하더라도 책임 있는 리더십과 시민 참여, 투명한 행정이 결합된다면 지속 가능한 변화는 충분히 가능하다.

보츠와나와 모리셔스는 단지 '성공한 국가'가 아니라, '성찰을 통해 변화할 수 있었던 국가'라는 점에서 특별하다. 이제 아프리카가 더 나은 미래를 향해 나아가기 위해서는 실패한 권력자들의 변명을 반복할 것이 아니라, 성공한 리더십의 원칙과 제도적 교훈에서 배워야 한다. 그럴 때 비로소 외부 원조는 진정한 촉매제로 작용하며, 아프리카는 외부에 의존하지 않고 자립의 길을 스스로 걸을 수 있을 것이다.

제3장

땅에서 답을 찾다

지속 가능한 성장의 열쇠

아프리카의 지속 가능한 발전을 실현하기 위해서는 단지 경제 지표의 일시적인 개선만으로는 부족하다. 정치적 안정성과 제도적 기반, 투명한 거버넌스, 그리고 장기적인 성장 전략이 함께 구축될 때 비로소 진정한 의미의 발전이 가능하다. 일부 국가에서는 이러한 조건을 충족시키기 위한 시도가 점진적으로 이뤄지고 있다. 르완다는 부패 척결과 디지털 행정 시스템 도입, 행정 개혁 등을 통해 비교적 성공적인 발전 모델을 구축한 사례로 주목받고 있다.

다만, 대륙 전체를 놓고 보면, 이러한 성과는 여전히 일부 국가에 국한된 상황이다. 프리덤하우스(Freedom House)* 2023년 보고서에 따르면, 아프리카 전체 인구 중 약 12%만이 정치적 자유가 보장된 국가에 거주하고 있으며, 언론의 자유가 실질적으로 보장되는 국가는 전체의 약 3%에 그친다. 권위주의적 통치, 만연한 부패, 제도적 무능은 여전히 아프리카 다수 국가의 발전을 가로막는 구조적 장애물이다.

그럼에도 불구하고 아프리카는 인류의 미래를 열어 갈 가능성을 품은 대륙으로 평가받고 있다. 세계에서 가장 젊은 인구 구조를 지닌 아프리카는, 장기적으로 노동력과 소비 시장의 중심지로 부상할 수 있는 잠재력을 갖고 있다. 여기에 더해 풍부한 천연자원, 급속도로 확산되고 있는 디지털 기반 시설, 기술을 활용한 '도약형 발전(leapfrogging)'**의 가능성은 아프리카의 미래에 긍정적인 조건으로 작용할 수 있다.

그러나 이러한 잠재력을 실현하기 위해 특히 주목해야 할 부문이 있다. 바로 '농업'이다.

---

* 세계 각국의 정치적 권리와 시민적 자유 수준을 평가하는 미국의 국제 비정부기구(NGO).
** 기존의 발전 단계를 거치지 않고, 한 단계 혹은 여러 단계를 뛰어넘어 곧바로 더 진보된 기술이나 시스템을 채택하는 발전 방식.

아프리카, 세계를 다시 그리는 대륙

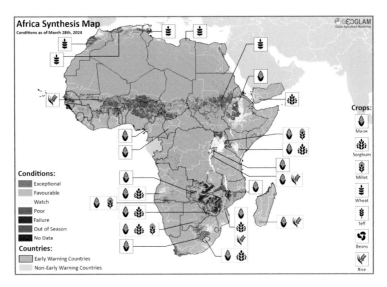

아프리카 대륙 주요 농작물 재배 현황 - 출처: Global Agricultural Monitering

　현재 아프리카 인구의 약 60%는 농업에 종사하고 있으며, 농업은 단순한 생계 수단을 넘어 식량 안보와 지역 경제의 기반, 청년 일자리 창출의 중요한 토대가 될 수 있다. 하지만 현실에서는 농업의 잠재력이 심각하게 제약받고 있다. 낮은 생산성과 열악한 물류 기반 시설, 농업 금융의 부재, 기후변화에 대한 취약성, 기술 보급의 미비, 정책적 무관심 등이 복합적으로 작용해 농업은 여전히 저생산성과 불안정성에 시달리는 분야로 남아 있다. 아프리카연합(AU)은 전체 국가 예산의 10% 이상을 농업에 투자할 것을 권고하고 있으나, 일부 분석에 따르면 많은 국가들의 실제 투자 비율은 평균 5%에도 미치지 못하는 것으로 나타난다.

국제식량정책연구소(IFPRI)는 농업의 생산성 제고가 단순한 식량 문제 해결을 넘어, 전체 경제 성장률을 끌어올릴 수 있는 핵심 동력임을 강조하고 있다. 농업은 산업화의 출발점이 될 수 있으며, 농촌 인구를 도시로 무작정 유입시키지 않고도 경제적 통합을 이룰 수 있는 수단이 된다. 특히 농업은 '지속 가능한 성장'이라는 과제를 풀어 갈 수 있는 장기적 기반이 될 수 있다.

이에 따라 국제사회도 농업을 단기 구호가 아닌, 장기적인 투자 영역이자 개발 협력의 전략적 핵심으로 인식할 필요가 있다. 농민 교육과 기술 보급, 가공 산업의 육성, 물류 기반 시설의 구축, 지역 내 농업 클러스터 형성 등 다양한 분야에서의 통합적 전략이 필요하다. 단순한 자금 지원보다는 수원국이 주도적으로 전략을 수립하고 실행하는 구조를 만들어야 하며, 외부의 역할은 조력자이자 파트너로서 기능해야 한다.

무엇보다 중요한 점은, 농업 개발이 외부의 모델을 모방하는 것이 아니라 아프리카 고유의 자원과 사회문화적 조건에 기반한 '맞춤형 전략' 위에서 진행되어야 한다는 점이다. 아프리카의 농업은 단순히 먹고사는 수단이 아니라, 공동체의 삶과 전통적인 지식, 자연과 더불어 살아가는 지혜와 깊이 연결되어 있다. 그래서 농업은 단순한 경제 활동을 넘어서, 아프리카 문화와 생활 방식을 담고 있는 중요한 부분이다.

뿐만 아니라, 아프리카는 세계 식량 안보를 위한 차세대 생산 기지로도 주목받고 있다. 농업은 여전히 아프리카 경제의 중심축으로, 다수 국가에서 GDP와 고용의 상당 부분을 차지한다. 유엔 식량농업기구(FAO)에 따르면, 전 세계 미개간 경작 가능 토지의 약 60%가 아프리카에 있으며, 빠르게 증가하는 젊은 인구는 미래 농업 생산성과 시장 확대에 있어 막대한 잠재력을 제공할 것으로 보인다.

결국, 농업을 통한 발전은 지역 공동체의 통합, 사회 안정, 자긍심 회복이라는 다층적 효과를 동반할 수 있다. 이는 곧 아프리카가 독립 이후 수십 년간 해결하지 못했던 '지속 가능한 성장'이라는 과제를 풀 수 있는 실마리가 될 수 있다. 농업은 아프리카 경제의 뿌리이며, 미래를 향한 도약의 기반이자 출발점이다. 이제 이 뿌리를 어떻게 가꾸고 확장할 것인가는, 아프리카 내부의 선택과 국제사회의 연대적 협력에 달려 있다.

Chapter 6

왜 지금
아프리카인가?

한국과 세계가
주목하는
전략적 파트너로서의
아프리카

제1장

한국 기업, 왜 지금 아프리카인가?

지속 가능한 협력 모델 구축의 중요성

아프리카는 더 이상 '먼 대륙'이 아니다. 빠르게 증가하는 인구, 가속화되는 도시화와 디지털 전환, 그리고 청년층의 소비 확대는 아프리카를 세계 경제의 새로운 성장 축으로 부상시키고 있다. 그러나 동시에 제도적 불안정, 기반 시설 부족, 문화적 복합성은 여전히 도전 과제로 남아 있다. 이러한 상황 속에서 한국 기업이 아프리카와 함께 성장하기 위한 전략을 설계할 때, 우리는 이미 이 대륙에서 발자취를 남긴 인도 타타그룹과 중국 화웨이의 사례에서 중요한 시사점을 얻을 수 있다.

인도의 타타그룹은 아프리카와 유사한 제도적 조건과 환경에서 성장해 온 경험을 바탕으로, 현지 적응력과 문제 해결 능

력을 갖춘 신흥국형 전략을 구사했다. 남아프리카공화국 진출
시 타타는 자동차, 철강, 통신, 에너지 등 여러 계열사가 협력하
는 복합 전략을 통해 단순 진출이 아닌 산업 생태계 참여를 시
도했다. 혼란스러운 제도, 불완전한 기반 시설에도 불구하고
민첩하게 대응했던 타타의 유연성은 남아프리카공화국과 환경
이 유사한 인도 내에서 쌓은 경험이 있었기에 가능했다.

이 사례는 한국 기업에 중요한 질문을 던진다. 우리는 얼마나
빠르게 아프리카의 현실에 적응할 준비가 되어 있는가? 현지의
제도, 문화, 사회적 맥락을 깊이 이해하고 들어갈 준비가 되어
있어야 진정한 파트너십을 형성할 수 있다.

중국의 화웨이는 정부의 '일대일로' 전략과 연계해 아프리카
에서 빠르게 통신 기반 시설을 구축했다. 단순한 장비 판매를
넘어 현지 기술자 교육, 정부 컨설팅, 금융 패키지를 아우르는
전방위적 접근을 통해 신뢰를 구축했다. 이는 기술력과 국가 전
략이 결합된 모델로, 아프리카에서 빠르게 입지를 확보했다. 그
러나 이러한 모델은 정치적 의존을 심화시켜 현지 자율성을 훼
손할 수 있다는 비판도 함께 따른다.

화웨이의 사례는 또 다른 관점을 제시한다. 기술력과 공공 협
력이 결합될 때, 우리는 이를 어떻게 활용할 수 있는가? 단순 수

출이 아닌, 교육·컨설팅·금융까지 아우르는 입체적 진출이 가능한가?

한국은 개발도상국에서 선진국으로 도약한 유일한 국가라는 점에서 아프리카와 심리적·구조적 공감대를 형성할 수 있다는 강점을 갖는다. 한국 기업은 타타처럼 복합 전략을 구사할 수 있는 유연성과, 화웨이처럼 기술력을 기반으로 공공 협력 모델을 운영할 수 있는 역량을 동시에 지니고 있다. 특히 KOICA, KOTRA, 무역협회, 수출입은행 등 공공기관과의 협력 모델은 현지에서 높은 평가를 받고 있으며, 이는 지속 가능한 전략의 핵심이 될 수 있다.

🌍 사례 연구: 아프리카에 뿌리내린 한국 기업들

• 대우건설 - 45년의 신뢰, 나이지리아의 동반자

대우건설은 1978년 나이지리아 진출 이후 철도, 도로, 플랜트, 정유 시설 등 수많은 대형 프로젝트를 성공적으로 수행했다. 특히 나이지리아 리버스 주(Rivers State)의 보니 섬(Bonny

Island)에서 진행된 LNG 트레인 7 프로젝트(LNG Train 7 Project)는 고난도의 기술력과 체계적인 조직 대응을 필요로 하는 대형 에너지 사업이었다.

대우건설 Train 7 플랜트 시설 전경 - 출처: 전기신문

이 프로젝트는 복잡한 설계와 시공, 다양한 이해관계자의 협력 조율이 요구되는 상황에서도 안정적으로 추진되었으며, 그 과정을 통해 한국 기업의 기술 역량과 프로젝트 관리 능력이 입

아프리카, 세계를 다시 그리는 대륙

중되었다. 이러한 성과는 나이지리아 정부로부터 깊은 신뢰를 얻는 결정적인 계기가 되었고, 향후 에너지 분야 협력의 기반을 더욱 견고히 다지는 데 중요한 역할을 했다.

대우건설의 강점은 현지화 전략이다. 현지에 약 2,000명의 노동자를 직접 고용하고, 장비와 기반 시설을 분산 배치해 운영의 유연성과 자립성을 확보했다. 또한 대학 및 직업훈련 기관과 연계해 기술 인력을 양성하고, 지역 사회에 기여함으로써 장기적인 파트너십을 구축해 왔다.

• 동원그룹 - 문화로 신뢰를 얻다, 세네갈의 참치 기업

동원은 2011년 세네갈 최대의 참치 가공업체 S.C.A. SA를 인수하며 아프리카 시장에 진입했다. 초기에는 현지 인력의 생산성 문제와 조직 문화 차이로 어려움을 겪었지만, 문화적 이해와 관계 형성에 집중했다. 직원 가족의 경조사를 지원하고, 현지 관리자들에게 자율성을 부여하며 조직 문화를 개선했다.

동원은 의료 캠프, 학교 지원, 환경 정화 등 지역 사회 활동도 꾸준히 전개하며 공동체와의 신뢰를 쌓았다. 이러한 접근은 기업 이미지 제고를 넘어, 직원 충성도와 생산성 향상이라는 실질적 효과로 이어졌다.

대우건설과 동원그룹의 사례는 아프리카에서의 사업이 단지
시장 진출이 아니라, 관계 맺기와 신뢰 형성이라는 점을 분명히
보여 준다. 이들은 기술력과 자본에만 의존하지 않았다. 오히
려, 문화적 공감과 현지 사회와의 실질적인 관계 형성이 성공의
기반이 되었다.

아프리카는 더 이상 '도움이 필요한 대륙'이 아니다. 이제 그
들은 자신들의 방식으로 성장하려는 의지를 갖고 있으며, 진정
한 파트너를 원하고 있다. 한국 기업은 산업화 경험과 기술력,
문화적 공감 능력을 바탕으로 아프리카와 상생할 수 있는 경쟁
력을 갖추고 있다.

아프리카, 세계를 다시 그리는 대륙

제2장
불을 밝히는 대륙
에너지 산업의 기회와 도전

　아프리카는 현재 산업화와 도시화의 급속한 진전 속에서 전력 수요가 폭발적으로 증가하고 있다. 그러나 실상은 대륙의 많은 국가에서 전력 보급률이 50%에도 미치지 못하며, 특히 사하라 이남 아프리카 지역에서는 도시와 농촌 간 전력 격차가 극심하다. 불안정한 송배전망, 노후화된 발전소, 정부 재정의 한계는 만성적인 전력 부족 문제를 낳고 있으며, 이에 따라 에너지 플랜트 산업은 아프리카 경제 발전의 핵심 동력으로 급부상하고 있다.

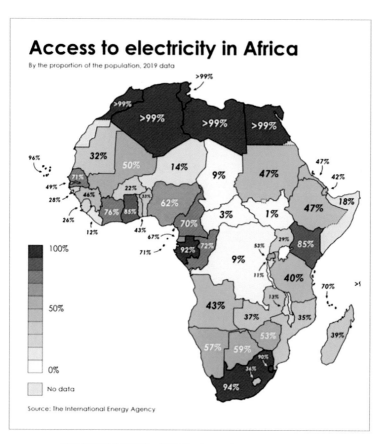

아프리카 전력 보급률 - 출처: The International Energy Source

아프리카, 세계를 다시 그리는 대륙

이 시장은 기회가 많은 만큼 진입 장벽도 높고 구조도 복잡하다. 대부분의 발전소 사업은 정부가 전기를 사들이겠다는 계약을 먼저 체결하고, 이를 바탕으로 민간 기업이 자금을 투자하는 방식으로 진행된다. 이를 '민자발전(IPP)'이라고 부르며, 정부가 장기간 전력 구매를 약속하는 '전력구매계약(PPA)'을 기반으로 한다.

하지만 많은 아프리카 국가들은 국제 신용등급이 낮거나 정부 재정이 불안정해, 외국 기업 입장에서는 '전기요금을 제때 받을 수 있을까'라는 우려가 뒤따른다. 이런 불확실성은 투자 결정을 가로막는 주요 리스크로 작용하고 있다.

이러한 리스크를 줄이기 위한 대안으로, 대규모 인프라 사업의 미래 수익을 담보로 자금을 조달하는 '프로젝트 파이낸싱(Project Financing)'이 현실적인 대안으로 부상하고 있다. 이에 따라 수출입은행, 무역보험공사, 세계은행, 아프리카개발은행 등과의 금융 협력은 에너지 플랜트 진출의 핵심 전략으로 자리 잡고 있다.

최근 들어 한국형 소형모듈원자로(SMR)가 아프리카 에너지 산업 진출 전략의 한 축으로 주목받고 있다. SMR은 기존 대형 원전에 비해 설치 면적이 작고, 초기 투자비가 낮으며, 송배전

인프라가 미비한 지역에서도 안정적으로 운영할 수 있어 전력 공급의 분산화가 필요한 아프리카에 적합한 솔루션으로 평가된다. 특히 SMART형 SMR은 담수화, 지역난방 등 부가 활용이 가능하고, 한국이 자체 기술로 개발해 운영 경험까지 보유하고 있다는 점에서 기술 신뢰성과 경제성을 겸비한 모델이다.

현재 가나와 케냐는 소형 원자로 도입을 위한 타당성 검토에 착수했으며, 나이지리아 또한 국가 차원의 정책 협의와 기술 협력 논의를 진행 중이다. 향후 한국형 SMR이 ODA, EDCF, 녹색기후기금(GCF) 등과 연계되어 공공·민간 융합형 진출 전략으로 이어질 가능성도 높다. 이는 단순한 플랜트 수출을 넘어 기술 이전, 인재 양성, 현지화 전략과 결합할 때 더욱 효과적인 협력 모델로 발전할 수 있다.

한국 기업은 중동과 동남아에서 EPC(설계·조달·시공) 방식의 대형 플랜트 사업을 성공적으로 수행한 경험이 있지만, 아프리카에서는 상대적으로 고전해 왔다. 이는 정보 부족, 제도 이해의 한계, 전략적 접근 미비 등 구조적 요인과 연계된다. 사하라 이남 아프리카는 기회가 많은 미개척 시장이지만, 각국의 여건에 따른 맞춤형 접근 없이는 성공적인 진출이 어렵다.

아프리카는 결코 하나의 단일 시장이 아니다. 이 대륙은 54

개국이 각기 다른 정치 제도와 경제 구조, 행정 시스템을 갖추고 있는 다충적이고 복합적인 시장이다. 때문에 모든 국가에 동일한 방식으로 접근하기보다는, 전략적으로 중요한 국가를 중심으로 '선택과 집중'을 통해 진출 전략을 설계하는 것이 필수적이다.

예컨대 나이지리아는 아프리카 최대 인구 대국으로 민자발전 수요가 높고, 알제리는 북아프리카에서 한국 기업 실적이 가장 많은 국가로 안정적인 정부 운영이 강점이다. 앙골라는 석유 자원과 외환 보유를 기반으로 대규모 프로젝트를 추진 중이며, 리비아는 정치적 불안정에도 불구하고 재건 수요가 높은 중장기 전략국으로 주목된다.

최근 아프리카 각국은 자국 산업 보호와 고용 창출을 위해 '현지조달(Local Contents)' 규정을 강화하고 있다. 이는 외국 기업이 해당 국가의 인력, 자재, 기술, 서비스 등을 일정 비율 이상 활용하도록 의무화하는 제도로, 현지화 전략 수립의 필수 요소가 되고 있다. 이에 따라 현지 기업과의 합작, 전략적 제휴, 기술 교육, 사회공헌활동(CSR) 등 단기 수익을 넘어서 현지 사회와의 신뢰를 구축하는 노력이 중요해지고 있다.

아프리카 진출은 민간 기업이 단독으로 감당하기에는 리

스크와 부담이 큰 영역이다. 따라서 KOICA(한국국제협력단), EDCF(대외경제협력기금) 등 공적개발원조(ODA) 프로그램과 민간 프로젝트를 전략적으로 연계하는 접근이 요구된다. 일본은 공적개발원조와 기업 활동을 유기적으로 결합해 장기적 성과를 도출해 낸 대표적인 사례이며, 이는 한국도 충분히 벤치마킹할 만한 모델이다.

21세기에 들어서며 아프리카는 더 이상 단순한 원조의 수혜 자가 아니라, 글로벌 산업과 외교 전략의 핵심 파트너로 자리매 김하고 있다. 특히 전기차, 태양광, 풍력 등 탄소중립 기술에 필수적인 '전환 광물(critical minerals)'*의 약 3분의 1이 아프리카 대륙에 매장되어 있다는 점은 이 지역의 전략적 가치를 더욱 부각 시키고 있다. 콩고민주공화국은 세계 코발트 생산의 70% 이상을 차지하며, 남아프리카공화국은 플래티넘과 망간 등 희귀 자원의 주요 공급국으로서 글로벌 공급망의 핵심 축 역할을 하고 있다.

한국은 산업화와 개발 경험, 기술력, 그리고 문화적 공감대를 바탕으로 아프리카와의 신뢰 기반 협력을 실현할 수 있는 국가

---

* 재생에너지, 전기차, 반도체, 배터리 등 탄소중립 기술의 핵심 구성 요소로 사용되는 전략적 광물 자원.

다. 이제는 단순한 시장 진출을 넘어 제도 개선, 인재 양성, 기술 이전을 통한 상생의 파트너십이 요구된다.

에너지 플랜트 산업은 단순한 기반 시설 건설을 넘어, 아프리카의 자립적 성장 기반을 강화하고 한국과의 협력 관계를 한층 강화시킬 수 있는 전략적 분야다. 이 영역에서의 지속 가능한 진출은 한국이 변화하는 글로벌 질서 속에서 새로운 경제·외교의 거점을 확보하는 데 중요한 발판이 될 수 있다.

제3장
협력의 판이 바뀐다
아프리카와의 새로운 개발 모델

이제 국제 개발 협력의 방식이 변하고 있다. 단순한 자금 지원이나 일방적 기술 이전을 넘어, 공공과 민간이 함께 참여해 지속 가능한 성과를 만들어 내는 민관 협력(Public-Private Partnership, PPP)이 대안적 접근 방식으로 주목받고 있다.

이는 정부나 공공기관이 주도하는 개발 사업에 민간 기업이 참여하여 자금과 기술, 운영 역량을 결합해 공동의 목표를 달성하는 협력 구조다. 기반 시설 구축, 에너지 개발, 보건·교육 등 다양한 분야에서 PPP는 국가 재정의 부담을 줄이고 사업의 지속 가능성을 높이는 수단이 될 수 있다.

한국의 경우, KOICA와 대외경제협력기금(EDCF) 등 공적개발원조 기관이 민간 기업과 공동으로 참여하는 개발 협력 모델을 점차 확대해 나가고 있다. 예컨대 KOICA가 추진하는 기술협력 사업에 민간 기업이 함께 참여해 플랜트 설계, 건설, 운영까지 맡는 방식은 최근 몇몇 국가에서 성공적인 결과를 보여 주고 있다. 이는 ODA가 단순한 원조에 머무는 것이 아니라, 민간의 기술력과 운영 경험을 접목해 보다 지속 가능하고 실질적인 개발 효과를 창출하려는 새로운 시도라 할 수 있다.

PPP의 가장 큰 장점은 공공과 민간이 각자의 강점을 결합함으로써 보다 효율적이고 현실적인 개발 사업을 설계할 수 있다는 점이다. 정부는 정책적 지지와 자금을, 민간은 기술력과 실행 능력을 제공함으로써 시너지 효과를 낼 수 있다. 또한 민간의 참여는 단기 사업이 아닌 장기적 유지·관리까지 염두에 둔 구조 설계를 가능하게 하고, 수원국 입장에서는 현지 고용과 기술 이전의 기회도 함께 가질 수 있게 된다.

그러나 PPP가 만능 해법은 아니다. 민간 기업의 수익성이 과도하게 우선시될 경우 공공성이 훼손될 수 있다. 수익이 낮은 지역은 외면당하거나, 요금 인상과 같은 사회적 부담이 전가될 위험도 존재한다. 또한 현지 정부의 규제 미비, 계약 불이행, 정치적 불안정 등은 사업 지속 가능성을 위협할 수 있다. 결국

PPP의 성공 가능성은 공공성과 시장성 간의 균형에 크게 좌우되며, 이를 위해서는 제도적 뒷받침과 철저한 리스크 분석이 선행되어야 한다.

PPP의 효과를 극대화하기 위해서는 몇 가지 필수 조건들이 충족되어야 한다. 우선, 아프리카 주요 국가에 '개발 협력센터'*나 'PPP 플랫폼'**을 설치해 현지 정부 및 기업과의 소통 창구를 마련하고, 입찰 정보, 법률 자문, 기술 교육 등 실무적인 지원을 안정적으로 제공할 필요가 있다. 이를 통해 프로젝트 초기에 발생할 수 있는 정보 비대칭과 행정적 장벽을 줄이고, 기업들이 보다 효율적으로 협력 구조에 접근할 수 있도록 도와야 한다.

또한, 이러한 시스템이 효과적으로 작동하기 위해서는 정부 차원의 제도적 지원이 병행되어야 한다. 아프리카 지역에 특화된 전문가를 양성하고, 현지에 장기 파견할 수 있는 인력을 확대하는 것은 물론, 위험 지역에 진출한 기업에 대해 세제 감면이나 투자 보험 같은 실질적인 혜택을 제공하는 방안도 검토되어야 한다. 가족 동반을 지원하는 인센티브 제도와 같은 세심한 정책은 인력 유치와 현장 안정성 확보에도 도움이 될 수 있다.

---

* 국제 개발 협력을 보다 효과적이고 체계적으로 수행하기 위해 설립되는 거점 기관.
** 공공과 민간이 협력하여 개발 사업을 보다 효율적으로 설계하고 실행할 수 있도록 지원하는 체계적 인프라와 운영 구조.

아프리카, 세계를 다시 그리는 대륙

이러한 제도적 기반 위에서 무엇보다 민간 기업이 단순한 수익 창출을 넘어서 사회적 책임을 함께 실현하도록 유도하는 정책 설계가 필요하다. 지역 사회와의 신뢰를 바탕으로 공동체 참여형 사업을 설계하고, 기술 이전과 고용 창출을 연계한 사회공헌(CSR) 활동을 활성화하는 방식은 단기적인 사업 성과를 넘어 지속 가능한 파트너십을 형성하는 핵심 토대가 된다.

결국 PPP가 단순한 협력 방식이 아니라 공동의 미래를 설계하는 동반자적 접근이 되기 위해서는 제도, 기반 시설, 철학이 함께 뒷받침되어야 한다. 이러한 조건들이 갖춰질 때, 민관 협력은 아프리카와 한국 모두에게 실질적인 성과를 안겨 주는 실현 가능한 모델로 자리 잡을 수 있다.

제4장
위험인가 기회인가
아프리카 진출의 실전 전략

아프리카는 빠르게 성장하는 인구와 도시화, 풍부한 자원을 바탕으로 다국적 기업에 새로운 기회의 대륙으로 부상하고 있다. 그러나 이와 같은 잠재력 이면에는 정치적 불안정, 제도적 미비, 경제 구조의 비효율성 등 다양한 리스크가 상존하고 있다. 아프리카에 진출하고자 하는 기업이라면 이러한 이중성을 명확히 인식해야 하며, 기회를 현실화하기 위해서는 선제적 리스크 관리 전략을 마련해야 한다.

가장 주목할 리스크는 정치적 불확실성이다. 잦은 정권 교체, 정책의 급변, 계약 이행의 변동성은 투자 안정성을 저해하는 주요 요소이다. 외국 기업에 불리한 조세 제도의 갑작스러운 변경, 계약 조건의 일방적 수정, 사업 인허가의 취소 사례는 실제로 나이지리아, 에티오피아, 짐바브웨 등지에서 발생해 왔다. 특히 외환 부족으로 인한 송금 제한, 정부 지급보증의 불확실성은 외국 기업의 자금 회수에 중대한 장애 요인으로 작용한다.

경제적 리스크도 만만치 않다. 환율 급변, 고물가, 통화가치 하락은 투자 수익성을 위협하고, 행정의 비효율성과 관료주의, 부패는 사업 운영에 상당한 부담을 안겨 준다. 이와 더불어 인허가 지연, 법령의 자의적 해석, 관료의 뇌물 요구 등은 기업이 예측 가능한 사업 환경을 구축하는 데 커다란 장벽이 된다.

사회문화적 요소도 중요하다. 종교와 민족 간 갈등, 지역 공동체의 반감은 외국 기업이 '외부인'으로 낙인찍히는 상황을 초래할 수 있다. 실제로 나이지리아 북부나 에티오피아 티그라이(Tigray) 지역에서는 분쟁과 무력 충돌로 인해 외국 기업의 활동이 중단되는 사례가 반복되고 있다. 인접국 간 국경 분쟁, 대규모 테러 위협도 지정학적 리스크를 심화시키는 요인이다. 여기에 기후변화로 인한 가뭄과 홍수는 플랜트 등 기반 시설 사업에 직접적인 피해를 줄 수 있다.

특히 플랜트 산업은 정부 발주 의존도와 자금 회수 구조상 고위험군으로 분류된다. 외환 부족으로 현지 통화 지급만 고수할 경우 기업은 수익 회수 자체가 불가능해질 수 있다. 더불어 열악한 도로와 항만, 통관 시스템, 숙련된 인력의 부족, 하청업체의 역량 미비도 사업 운영 전반에 부정적 영향을 미친다.

이러한 리스크에 대응하기 위해서는 사후 대응보다 사전 예방에 집중해야 한다. 진출 이전에 국가의 정치·경제적 안정성, 법 제도의 예측 가능성, 사회적 민감성 등을 종합적으로 분석한 '국가 진단 리포트'를 바탕으로 전략을 수립해야 한다. 계약 전에는 투자보호협정(BIT) 체결 여부, 세제 체계, 외환 규제 조항을 면밀히 검토하고, 현지 법률 전문가와의 협업을 통해 법적 리스크를 최소화해야 한다.

또한 지방정부나 지역 주민들과의 관계를 잘 맺는 일이 매우 중요하다. 기업이 단순히 돈을 벌러 온 '외부인'이 아니라, 지역 사회와 함께 살아가는 '공동체의 일원'으로 받아들여져야 한다는 뜻이다. 이렇게 신뢰를 쌓아 두면, 나중에 사회적 갈등이나 문제가 생겼을 때도 지역 주민들이 기업을 지켜 주고 도와주는 든든한 우군이 될 수 있다.

금융 리스크에 대응하려면 자금 조달 방식부터 전략적으로 설계해야 한다. 프로젝트 초기 단계에서부터 세계은행(World Bank), 아프리카개발은행(AfDB), 한국수출입은행, 무역보험공사 등 국제 금융기관이나 보증기관과의 협력 구조를 마련하면 사업의 신뢰도와 안정성을 크게 높일 수 있다. 이러한 기관은 위험 분산과 자금 조달의 핵심이다. 따라서 초기부터 이들과 연계된 사업 모델을 구축하는 것이 바람직하다.

정부 차원의 제도적 뒷받침도 필수적이다. 단순한 진출 독려를 넘어, 아프리카 현지 여건에 맞는 맞춤형 지원 정책이 병행되어야 한다. 예를 들어, 정치·안보적 리스크가 높은 지역에서 국가 기반 시설, 에너지 등 전략산업을 수행하는 기업에 한해서는 일정 기간 법인세 감면, 관세 인하, 투자 세액공제 등의 인센티브를 제공할 수 있다. 이는 고위험 지역에서도 필수 개발 사업이 지속될 수 있도록 유도하는 현실적인 수단이 된다.

이와 함께 기업 내부에서는 위기 대응 매뉴얼과 비상 연락망을 구축하고, 자산 회수와 직원 보호 체계를 사전에 설계하는 것이 중요하다. 정부가 이를 위한 컨설팅, 법률·문화 자문, 현지 언어 교육 등 다층적인 지원 체계를 운영함으로써 기업들이 보다 안전하게, 안정적으로 현지 사업을 추진할 수 있도록 해야 한다.

아프리카 진출은 단순한 시장 확대가 아닌, 정치·사회·문화·제도 전반에 대한 이해와 준비가 수반되는 복합적 전략이 요구되는 도전이다. 그러나 이 도전은 철저한 준비와 현지화 전략, 공공·민간 협력, 문화적 감수성과 제도 이해를 바탕으로 충분히 극복할 수 있다.

과거 불확실한 국제 환경 속에서도 눈부신 산업화를 이뤄낸 한국 기업들은, 이제 그 경험을 바탕으로 아프리카에서도 리스크를 기회로 전환하는 실질적 역량을 보여 줄 수 있다. 아프리카는 기회와 도전이 공존하는 대륙이며, 미래의 전략적 파트너로 떠오르고 있다. 이 대륙과의 진정한 동행은, 전략적 준비와 상호 존중을 기반으로 한 신뢰의 구축에서 시작된다.

제5장

아프리카의 도약, 디지털에서 시작
세계에서 가장 젊은 대륙의 무한한 가능성

아프리카는 오랫동안 낙후된 기반 시설과 빈곤, 정치 불안 등의 이미지로 대표되어 왔다. 그러나 최근 ICT 분야에서의 눈부신 발전은 이 같은 고정관념을 뒤흔들고 있다. 이 변화는 단순한 기술 보급을 넘어 아프리카 사회 전반의 구조와 문화를 근본적으로 재편하고 있으며, 새로운 성장의 동력으로 떠오르고 있다.

특히 주목할 점은 전통적인 기반 시설 부족이라는 약점이 오히려 최신 기술 도입을 가속화하는 계기가 되었다는 것이다. 유선 통신 인프라가 부족했던 현실이, 오히려 무선 기술 중심의 도약형 발전(leapfrogging)을 가능케 한 것이다. 또한, 제조업 기반이 부족해 많은 청년들이 전통적인 일자리를 찾기 어려웠지만, 이러한 제약이 오히려 젊은 세대가 ICT를 활용해 스타트업 창업에 도전하도록 이끌었다.

대다수 아프리카 국가에는 유선 전화망과 고정 인터넷망이 미비하다. 그러나 이는 최신 무선 기술을 바로 도입할 수 있는 유연한 환경으로 작용했다. 3G, 4G는 물론 일부 지역에서는 5G 네트워크까지 빠르게 확산되었고, 이를 기반으로 스마트폰 하나로 금융, 교육, 보건 등 다양한 서비스를 이용할 수 있게 되었다. 이처럼, ICT 기술은 단지 편의를 제공하는 것을 넘어, 아프리카인의 일상과 경제 활동, 사회 시스템 전반을 혁신하고 있다.

아프리카 ICT 혁신의 대표적 사례는 케냐의 'M-Pesa'다. 은행 계좌 없이 휴대전화만으로 송금과 결제가 가능한 이 시스템은 금융 소외 계층에게 경제 활동의 기회를 열어 주었다. 단순 송금을 넘어 대출, 보험, 공공요금 및 세금 납부 등으로 확대되며 디지털 금융 생태계를 구축해 나가고 있다. M-Pesa의 성공은 ICT 기술이 포용적 금융(financial inclusion)*을 실현하고, 사

---

* 전통적인 금융 서비스에 접근하지 못하는 사람들에게도 공정하고 지속 가능한 방식으로 금융 서비스를 제공하는 것.

회적 불평등 해소에도 기여할 수 있음을 보여 준다.

　아프리카는 세계에서 가장 젊은 대륙이다. 전체 인구의 절반 이상이 25세 이하로 구성되어 있으며, 이들은 모바일 기기 활용, 소셜미디어 운용, 앱 기반 서비스에 능숙한 디지털 세대로 성장하고 있다. 아프리카 청년층은 단순한 기술 소비자를 넘어 코딩, 디지털 마케팅, 앱 개발 등의 역량을 바탕으로 스타트업을 창업하며 디지털 경제의 주역으로 떠오르고 있다. 이들은 ICT 산업의 지속 가능성과 현지에서 기술을 개발하고 활용할 수 있는 기반 구축을 이끄는 주요 동력으로 자리 잡고 있다.

디지털로 도약하는 아프리카 - 출처: Linked In

그 대표적 사례 중 하나가 바로 나이지리아이다. 이 나라는 오늘날 아프리카 핀테크 산업의 중심지로 주목받고 있으며, 젊은 창업가들이 주도하는 기술 혁신이 눈에 띄는 성과를 만들어 내고 있다. 페이스택(Paystack)과 플러터웨이브(Flutterwave)와 같은 대표 스타트업들은 이미 유니콘 기업으로 성장하며 그 잠재력을 입증했다. 소상공인과 기업을 위한 온라인 결제 시스템을 제공하는 페이스택은 2020년 미국의 결제 기업 스트라이프(Stripe)에 약 2억 달러에 인수되었고, 플러터웨이브는 2022년 기준 기업 가치가 30억 달러를 넘어서는 등 아프리카 최고 수준의 기술 기업으로 자리매김했다. 이러한 흐름 속에서 나이지리아는 아프리카 디지털 전환의 최전선에서 핵심 거점으로 부상하고 있다.

한편, 급속한 도시화는 아프리카 전역에서 ICT에 대한 수요를 한층 더 자극하고 있다. 교통, 보건, 교육, 행정 등 공공 서비스에 대한 수요가 빠르게 증가함에 따라, 각국은 스마트시티 전략, 전자정부 시스템, 디지털 보건관리 등 다양한 ICT 기반 서비스를 도입하고 있다. 이러한 기술 도입은 정부 운영의 효율성과 투명성을 제고할 뿐 아니라, 시민의 삶의 질을 실질적으로 향상하는 데 기여하고 있다.

다국적 기업들도 아프리카 ICT 시장의 가능성에 주목하고 있다. Google, Microsoft, Amazon, Meta, Huawei 등은 데이터센터 구축, AI 교육, 클라우드 서비스 제공뿐만 아니라 청년층을 대상으로 한 코딩 교육, 창업 지원, 디지털 역량 강화 프로그램에도 투자하고 있다. 이는 고용 창출은 물론 장기적인 기술 자립 기반을 마련하는 데 기여하고 있으며, 단순한 시장 진출을 넘어 기술 이전과 인재 양성을 통한 파트너십 구축으로 이어지고 있다.

아프리카 각국 정부도 디지털 기술이 갖는 전략적 가치를 인식하고 있으며, 이를 국가 차원의 핵심 정책으로 수용하고 있다. 특히 '스마트 아프리카(Smart Africa)' 이니셔티브는 대륙 전체의 디지털 기반 경제 전환을 공동으로 추진하는 이정표가 되고 있다. 이 이니셔티브는 2013년 르완다 수도 키갈리(Kigali)에서 개최된 'Transform Africa Summit'을 계기로 출범했으며, 르완다는 이 과정에서 선도 국가로서 핵심적인 역할을 수행하고 있다.

나이지리아 역시 디지털 경제 전환의 흐름에 적극적으로 참여하고 있다. '디지털 경제부(Federal Ministry of Communications, Innovation and Digital Economy)'를 신설하고 청년층의 창업을 적극 지원하는 한편, 디지털 인프라 확충에도 역량을 집중하고 있다. 이러한 정부 차원의 정책은 민간의 ICT 산업 성장과 맞물려 아프리카 디지털 경제의 생태계를 한층 강화시키고 있으며, 미래 산업 구조의 변화 속에서 아프리카의 위상을 새롭게 정립하고 있다.

세계은행(World Bank), 아프리카개발은행(AfDB), 유엔개발계획(UNDP) 등 국제기구 역시 ICT 기반 시설 확충과 인재 양성을 위한 재정 및 기술 지원을 확대하고 있으며, 이러한 다자간 협력은 아프리카 ICT 생태계의 지속 가능한 성장을 견인하고 있다.

아프리카의 ICT 도약은 낙후된 조건 속에서 시작된 자생적 혁신이다. 모바일 금융의 확산, 청년 세대의 기술 주도, 다국적 기업과 정부의 협력은 아프리카를 세계 디지털 전환의 최전선으로 이끌고 있다.

이 과정에서 한국은 ICT 강국으로서의 기술력과 제도 구축 경험, 그리고 개발도상국에서 선진국으로 도약한 역사적 자산을 바탕으로 아프리카의 전략적 협력 파트너로 자리매김할 수 있다. 이제는 단순한 기술 이전을 넘어, 기술이 가져올 변화와 그에 수반되는 사회적 가치까지 함께 설계하는 '상생의 파트너십'이 요구된다.

제6장
세계 전략의 전면에 선 아프리카
지금, 왜 다시 봐야 하는가

🌏 새로운 중심으로 부상하는 아프리카

오랫동안 '빈곤의 대륙'이라는 고정관념 속에 가려졌던 아프리카는 이제 세계 경제와 외교의 새로운 중심지로 부상하고 있다. 인구의 급속한 증가, 도시화의 확산, 디지털 전환의 가속화 등 거대한 변화의 흐름 속에서 아프리카는 더 이상 '가능성의 대륙'으로만 불릴 수 없다. 이미 변화는 시작되었고, 이 대륙은 새로운 시대의 현실 무대에서 세계의 주목을 받고 있다.

🌍 인구 증가와 내수시장 확대

2023년 기준 아프리카 인구는 약 14억 2천만 명으로, 세계 인구의 17%를 차지한다. 2050년에는 25억 명에 이를 것으로 예상되며, 그중 60% 이상이 25세 이하의 청년층일 것으로 보인다. 이 같은 인구 구조는 아프리카를 풍부한 노동력과 역동적인 소비 시장을 갖춘 대륙으로 만들어 주고 있다.

이미 중산층 인구는 3억 명을 넘어서며 자동차, 스마트폰, 금융 서비스, 가전제품 등 다양한 소비재에 대한 수요가 확대되고 있다. 아프리카는 이제 '지원의 대상'이 아닌 '소비의 주체'로 전환되고 있다.

🌍 ICT 혁신의 중심 무대로 떠오르다

아프리카는 유선 기반 시설의 부족이라는 약점을 오히려 '도약형 발전(leapfrogging)'의 기회로 전환시켰다. 르완다는 유선 인터넷 인프라가 미비한 상황에서도 4G LTE 네트워크를 전국적으로 신속하게 구축하여, 농촌 지역에서도 디지털 보건, 전자정부, 온라인 교육 등 다양한 디지털 서비스를 가능하게 만들었다. 특히 '스마트 르완다(Smart Rwanda)' 정책은 디지털 기술을 활용한 공공 행정의 혁신 사례로 주목받고 있으며, 이는 단순한 기술 보급을 넘어 국가 차원의 디지털 전환 전략이 실질적인 성과로 이어질 수 있음을 보여 준다.

이와 같은 변화는 르완다에만 국한되지 않는다. 나이지리아, 케냐, 남아프리카공화국 등에서는 ICT 스타트업 생태계가 빠르게 성장하고 있으며, Google, Microsoft, Amazon 등 다국적 기업들도 개발자 교육, 데이터센터 설립, 기술 투자에 적극적으로 나서고 있다. ICT는 더 이상 보조적 수단이 아니라, 아프리카 경제를 이끄는 핵심 성장 동력으로 자리 잡아 가고 있다.

🌍 자원 부국에서 산업 중심지로

아프리카는 리튬, 코발트, 니켈 등 이차 전지와 친환경 산업에 필수적인 전략 광물을 다량 보유하고 있다. 특히 콩고민주공화국은 전 세계 코발트 생산량의 절반 이상을 차지하며, 남아프리카공화국은 세계 최대의 망간 생산국으로 꼽힌다. 탄소중립과 에너지 전환이 가속화되는 시대에 이들 자원은 아프리카의 전략적 가치를 더욱 부각시키고 있다.

최근 아프리카 각국은 이제 자원 채굴에만 머무르지 않고, 가공·제조·물류 등 전후방 산업을 통합하는 공급망 중심지로의 전환을 시도하고 있다. 이는 아프리카가 자원 수출국에서 벗어나, 산업 구조의 주도권을 점차 확보해 나가고 있음을 보여 준다.

🌍 국제사회 협력의 새로운 중심

아프리카는 기후 위기, 재생에너지, 식량 안보, 보건의료 등 인류 공동의 과제를 해결하기 위한 핵심 파트너로 빠르게 부상하고 있다. 특히 지속가능발전목표(SDGs)의 달성을 위한 국제사회의 협력이 활발히 전개되면서, 세계은행(World Bank), 아프리카개발은행(AfDB), 유엔개발계획(UNDP) 등 주요 다자기구는 아프리카와의 전략적 협력을 지속적으로 확대하고 있다.

한국은 개발도상국에서 선진국으로 도약한 유일한 경험을 지닌 국가로서 ICT, 에너지, 스마트시티, 농업기술 등 다양한 분야에서 아프리카와의 협력 기반을 넓혀 가고 있다. 이러한 협력은 과거의 일방적 원조를 넘어, 상호 성장과 지속 가능한 발전을 지향하는 파트너십으로의 전환을 의미한다.

🌐 전략 요충지로서의 지정학적 위상

미·중 전략 경쟁과 글로벌 공급망의 재편 속에서 아프리카는 자원 확보와 외교 전략의 핵심 무대로 급부상하고 있다. 중국은 '일대일로(BRI)'를 앞세워 교통, 에너지, 물류 등 핵심 기반 시설에 대한 투자 네트워크를 확대하며 아프리카 내 전략적 입지를 강화하고 있다. 반면, 미국은 민주주의 가치와 인권을 중시하는 협력 방식을 통해 중국 주도의 영향력 확산에 제동을 걸고자 한다. 러시아는 군사 협력과 안보 계약을 바탕으로, 인도는 디아스포라 네트워크와 교육 협력을 활용해 자국 중심의 외교 전략을 강화하고 있다.

이러한 국제적 관심은 아프리카의 외교적 위상 변화로 이어지고 있다. 현재 유엔 안전보장이사회 비상임이사국 15개국 중 3개국이 아프리카 국가이며, G20에도 아프리카연합(AU)이 정식 회원으로 참여하게 되면서 대륙 전체의 발언권이 한층 확대되고 있다. 각국이 자국 전략의 핵심 축으로 아프리카를 새롭게 인식하고 있는 오늘날, 이 대륙은 더 이상 국제사회의 변방이 아니라 글로벌 질서의 중심으로 전환되고 있다.

🌍 한국에게 아프리카가 전략적인 이유

　한국에게 아프리카는 전략적 파트너로서 다층적인 의미를 지닌다. 아프리카는 배터리, 반도체, 재생에너지 등 한국의 핵심 산업에 필수적인 광물 자원을 다량 보유하고 있다. 리튬, 코발트, 니켈과 같은 전략 광물의 안정적 확보는 한국 산업의 지속 가능성과 직결되는 사안이며, 아프리카와의 공동 개발 및 가치 사슬 협력은 미래 산업 경쟁력을 좌우할 핵심 과제가 되고 있다.

　또한 인구의 절반 이상이 25세 이하인 젊은 인구 구조와 빠르게 확대되는 중산층은 아프리카를 ICT, 제조업, 콘텐츠 산업 등 다양한 분야에서 매우 매력적인 시장으로 만들고 있다. 특히 청년층의 높은 디지털 수용력은 한국 기업의 기술과 콘텐츠가 효과적으로 진입할 수 있는 기반이 된다.

　이 가운데 한류의 확산은 문화적 접점을 넓히는 데 중요한 역할을 하고 있다. 이제 아프리카 청년들은 어린 시절부터 K-팝, 드라마, 뷰티 콘텐츠 등을 자연스럽게 접하며 한국 문화에 대한 친숙함과 호감을 키워 가고 있다. 이러한 문화적 공감대는 단순한 일시적 유행을 넘어, 장기적 신뢰 관계와 우호적인 감정 자산으로 축적되고 있다. 이들이 성장하여 각국의 주요 인재로 자리 잡게 될 경우, 한-아프리카 관계는 우리가 예상하는 것 이상으로 발전할 가능성이 크다.

외교적 측면에서도 아프리카는 국제기구와 다자 협상에서 집단적 발언권을 행사할 수 있는 전략적 파트너다. 유엔, 세계무역기구(WTO), 기후변화 대응 논의 등 글로벌 어젠다에서 아프리카 국가들의 연대는 점점 더 영향력을 발휘하고 있으며, 이는 한국의 외교 지평을 확장하는 데 중요한 협력 기회를 제공한다.

부산 세계박람회(EXPO) 유치 실패* 사례에서 경험하였듯, 한 나라의 지지를 얻기 위해서는 단기간의 노력만으로는 충분하지 않다는 교훈을 얻었다. 이런 이유에서 아프리카를 단순히 원조의 대상으로 바라보기보다는, 공감과 신뢰를 바탕으로 한 진정한 동반자로 함께 걸어가야 한다.

특히 디지털 전환이 가속화되는 오늘날, 한국이 보유한 ICT 기술력과 제도적 경험은 아프리카의 성장 요구와 정확히 맞닿아 있다. 전자정부, 스마트시티, 재생에너지 및 보건의료 ICT 등에서의 협력은 양측 모두에게 실질적인 성과를 가져올 수 있는 대표적인 분야이며, 이는 단순한 기술 이전을 넘어 지속 가

---

* 한국은 165개 투표국 중 29표에 그쳤으며, 특히 아프리카 50여 개국의 표심을 충분히 얻지 못한 점이 유치 실패의 주요 원인 중 하나로 지적.

능한 발전과 상생의 토대를 마련하는 계기가 될 수 있다.

결국, 아프리카는 한국에게 자원과 시장, 외교와 문화, 기술 협력의 가능성을 모두 품은 전략적 대륙이며, 그 관계의 미래는 지금보다 더욱 심화되고 다변화된 관계로 발전할 수 있다.

🌍 함께 미래를 설계할 전략 파트너

아프리카는 더 이상 '미래의 기회'로만 간주할 수 있는 대륙이 아니다. 변화는 이미 시작되었고, 그 속도는 우리가 생각하는 것보다 훨씬 더 빠르게 현실이 되고 있다. 아프리카는 이제 소비시장이나 자원 공급지를 넘어 글로벌 질서 재편의 주체로 자리매김하고 있다.

이러한 흐름 속에서 한국이 진정한 중추 국가(Global Pivotal State)로 도약하고자 한다면, 그 여정에 아프리카는 중요한 동반자 중 하나가 될 수 있다. 더 이상 일회성의 협력이나 단기 성과에 머물러서는 안 되며, 지금이야말로 장기적인 관계와 지속 가능한 파트너십을 구축해야 할 시점이다.

아프리카, 세계를 다시 그리는 대륙

아프리카를 다시 본다는 것은 단순히 새로운 시장을 바라보는 것이 아니다. 그것은 한국의 미래 전략을 근본적으로 재구성하는 일이자, 세계 속에서 함께 성장할 수 있는 동반자와의 새로운 관계를 설계하는 일이다.

우리의 미래, 아프리카와 함께 그리다

아프리카에 대해 이야기할 때면 흔히 양극단의 이미지가 떠오른다. 한쪽은 무한한 잠재력과 가능성을 강조하며 아프리카를 '미래의 대륙'이라고 부각시키고, 다른 한쪽은 여전히 빈곤과 갈등이라는 고정관념 속에 갇혀 이 대륙을 '문제의 대륙'으로 바라본다. 그러나 아프리카는 이 두 가지 시선 모두를 넘어선 곳이다. 아프리카는 희망과 도전, 혁신과 전통이 공존하며 역동적으로 변화하는 현실의 무대다.

이 책을 집필하며 12년간 직접 아프리카 현장에서 외교관으로 일해 온 나 역시 아프리카를 제대로 본다는 것이 얼마나 복잡하고 섬세한 작업인지 다시 한번 실감하게 되었다. 아프리카는 단순한 하나의 개념이나 문제로 정의될 수 없는 거대한 공간이며, 그곳에서 살아가는 사람들의 삶은 수많은 역사적 경험과 다양한 문화적 정체성으로 얽혀 있다. 아프리카를 바라보는 우리의 시선은 과거의 식민주의적 편견을 넘어, 동등하고 진정한 파트너로서의 이해와 존중으로 향해야 한다.

21세기에 접어들면서 아프리카는 새로운 전환기를 맞고 있다. 전 세계가 탄소중립과 지속 가능한 발전을 목표로 하고 있는 가운데, 아프리카는 지구의 미래를 그려 가는 데 있어 점점 더 중요한 역할을 하게 될 것이다. 아프리카가 보유한 광물 자원은 전기차와 재생에너지 등 친환경 산업의 필수 요소로 자리 잡고 있으며, 빠르게 확산되고 있는 ICT 기술과 디지털 전환은 아프리카를 산업 발전과 혁신의 중심지로 만들고 있다. 이제는 미래를 논의할 때 주요한 대안 중 하나로 아프리카를 진지하게 고려하지 않을 수 없다.

하지만, 아프리카의 미래가 밝다고 해서 그 길이 쉽거나 명확한 것은 아니다. 이 책에서 다루었던 것처럼, 아프리카는 여전히 식민 지배의 유산과 내부의 정치적·사회적 도전 과제들로부터 자유롭지 못하다. 빈곤과 불평등, 정치적 불안정과 내전, 부패와 제도의 미성숙성은 여전히 해결해야 할 중요한 문제들로 남아 있다. 그럼에도 아프리카인들은 포기하지 않고 있다. 오히려 그들은 자신들만의 방식으로 문제를 해결하고, 혁신을 통해 미래를 만들어 가고 있다.

이러한 혁신은 단순히 기술적인 발전만을 의미하지 않는다. 아프리카에서 혁신은 공동체적 가치와 연대, 그리고 삶의 철학과도 깊게 연결되어 있다. 케냐의 M-Pesa 사례는 ICT가 단지 경제적 도구를 넘어서 사회적 포용을 실현할 수 있음을 보여 주며, '우분투(Ubuntu)'의 철학은 인간의 존엄성과 공동체적 삶의 중요성을 세계에 일깨우고 있다. 아프리카의 발전은 결국 기술 혁신과 전통적 가치가 조화를 이루며, 지속 가능한 미래를 향해 나아가는 방향이어야 한다.

한국에게 아프리카는 특별한 의미를 가진다. 과거 원조를 받던 나라에서 원조를 주는 나라로 전환한 유일한 사례인 한국은, 아프리카와의 협력을 통해 그 경험과 지혜를 나눌 수 있는 독특한 위치에 있다. 이제 한국은 일방적인 원조의 틀에서 벗어나, 아프리카와의 진정한 협력과 상생의 파트너십을 구축해야 할 시점이다. 에너지와 ICT, 농업과 보건의료 분야에서의 협력은 양측 모두에게 실질적인 혜택을 가져다줄 것이며, 문화와 교육 교류는 양국의 젊은 세대들이 글로벌 시민으로 성장할 수 있는 기회를 열어 줄 것이다.

아프리카를 다시 본다는 것은 곧 우리의 미래를 새롭게 설계하는 일이다. 우리의 선택이 단순히 경제적 이익이나 전략적 이해관계에만 머물러서는 안 된다. 아프리카는 우리와 함께 살아가고 함께 번영해야 할 동반자다. 이 책이 아프리카를 바라보는 우리의 시선을 변화시키고, 아프리카와의 진정한 파트너십을 만들어 가는 출발점이 되기를 바란다.

우리의 미래는 아프리카와 함께 그려질 것이다. 이 여정에서 우리는 서로의 차이를 이해하고 존중하며, 상호 이익을 넘어 지속 가능한 상생의 미래를 추구해야 한다. 아프리카가 세계의 중심으로 떠오르고 있는 지금, 그들과 함께 미래를 그리는 일은 우리 모두의 책임이자 기회다.

한국어 문헌

- 강인수 외 3명. (2023). *MDB를 활용한 ODA 활성화 방안: PPP를 중심으로.*
- 김성진. (2024). 아프리카의 미래를 읽다.
- 대한무역투자진흥공사(KOTRA). (2023). 아프리카 주요국 농업 시장 동향 및 진출방안.
- 대한무역투자진흥공사(KOTRA). (2024). 아프리카 스마트시티 동향 및 관련 유망 산업 분석.
- 루츠 판 다이크 / 안인화 옮김. (2005). 처음 읽는 아프리카의 역사.
- 리처드 J. 리드 / 이석호 옮김. (2013). 현대 아프리카의 역사.
- 로버트 칼데리시 / 이현정 옮김. (2016). 왜 아프리카 원조는 작동하지 않는가.
- 무딤브 V. Y. / 이석호 옮김. (2021). 조작된 아프리카: 영지주의, 철학, 그리고 지식의 체계.
- 박영호 외 2명. (2019). 아프리카 농업 가치사슬 분석과 한국의 농정경험을 활용한 정책제안.

- 안경률. (2024). *2024 아프리카 시장 진출 전략*.
- 에드워드 W. 사이드 / 박홍규 옮김. (1991). 오리엔탈리즘.
- 윤상욱. (2012). 아프리카에는 아프리카가 없다.
- 이경은. (2025). 아프리카의 경제성장과 기술혁신 가속화: *AI* 및 신기술 발전 중심의 디지털 전환 전망.
- 이석원, 신재은. (2017). 한국형 *ODA* 모델의 활용성과와 개념 적정성.
- 이현우, 김재윤. (2020). 아프리카 진출 한국기업의 투자 전략과 과제.
- 이지은 외 2명. (2015). 신흥국 기업의 해외진출 성공요인: 타타그룹의 남아프리카공화국 진출 사례.
- 임정혜. (2019). 중국의 대 아프리카 진출 현황 및 시사점.
- 정수미. (2020). 화훼이의 아프리카 진출동향.
- 정웅태. (2011). 에너지 플랜트산업의 아프리카 진출 확대방안.
- 조제 카푸타 로타 / 이경래 외 4명 옮김. (2012). 아프리카 이야기.
- 존 파커, 리처드 래스본 / 송찬면 외 옮김. (2022). 아프리카 역사.
- 한선이 외 3명. (2024). 디지털금융을 통한 아프리카 금융포용성 개선 방안 연구.
- 한국국제협력단(KOICA). (2022). 한국-아프리카 개발 협력 전략 *2030*.
- 한국수출입은행. (2021). *EDCF*와 아프리카 *PPP* 전략 보고서.
- 무딤브 V.Y. / 이석호 옮김. (2021). 조작된 아프리카: 영지주의, 철학, 그리고 지식의 체계.
- EMERiCs 아프리카·중동. (2023). 아프리카의 청정에너지 보급: 기후변화 및 에너지 문제 해결의 열쇠.

영문 문헌

- Acemoglu, D., & Robinson, J. A. (2012). *Why Nations Fail: The Origins of Power, Prosperity, and Poverty.*

- African Development Bank. (2020). *Infrastructure and the Future of Africa: Building a New Africa through PPP.*

- African Development Bank. (2021). *African Economic Outlook 2021: From Debt Resolution to Growth.*

- Alden, C. (2007). *China in Africa.*

- Alden, C., Large, D., & de Oliveira, R. S. (2008). *China Returns to Africa: A Rising Power and a Continent Embrace.*

- Andrews, M. (2013). *The Limits of Institutional Reform in Development: Changing Rules for Realistic Solutions.*

- Appiah, K. A. (1992). *In My Father's House: Africa in the Philosophy of Culture.*

- Asante, M. K. (2007). *The History of Africa: The Quest for Eternal Harmony.*

- Boahen, A. A. (1987). *African Perspectives on Colonialism.*

- Bond, P. (2006). *Looting Africa: The Economics of Exploitation.*

- Carmody, P. (2011). *The New Scramble for Africa.*

- Clapham, C. (1996). *Africa and the International System: The Politics of State Survival.*

- Cooper, F. (2002). *Africa Since 1940: The Past of the Present.*

- Du Bois, W. E. B. (1903). *The Souls of Black Folk.*

- Falola, T. (2001). *Culture and Customs of Nigeria.*

- Ferguson, J. (2006). *Global Shadows: Africa in the Neoliberal World Order.*

- GSMA. (2021). *The Mobile Economy: Sub-Saharan Africa 2021.*
- Gyekye, K. (1996). *African Cultural Values: An Introduction.*
- Iliffe, J. (2007). *Africans: The History of a Continent* (2nd ed.).
- Kharas, H., & Rogerson, A. (2012). *Horizon 2025: Creative Destruction in the Aid Industry.*
- Mbembe, A. (2001). *On the Postcolony.*
- Mbiti, J. S. (1990). *African Religions and Philosophy* (2nd ed.).
- Moyo, D. (2009). *Dead Aid: Why Aid is Not Working and How There is a Better Way for Africa.*
- Mudimbe, V. Y. (1988). *The Invention of Africa: Gnosis, Philosophy, and the Order of Knowledge.*
- Ngũgĩ wa Thiong'o. (1986). *Decolonising the Mind: The Politics of Language in African Literature.*
- Nyerere, J. (1968). *Ujamaa: Essays on Socialism.*
- Ramose, M. B. (2002). *African Philosophy through Ubuntu.*